Horst Bartnitzky / Ulrich Hecker (Hg.)

Was tun mit Texten?!

Handelnder Umgang mit Texten

Horst Bartnitzky / Ulrich Hecker (Hg.)

Was tun mit Texten?!

Handelnder Umgang mit Texten

Mit Beiträgen von Erika Altenburg, Friederike Borowsky,
Ruth Bröskamp-Timmer, Ingrid Göpfert, Ulrich Hecker,
Karin Heinrich, Heidemarie Krusekamp,
Henny Küppers, Marlies Möller, Heide Rost,
Barbara Schlotmann, Marlene Schommers, Trudi Schutte
und Zeichnungen von Wilhelm Nüchter

CIP-Titelaufnahme der Deutschen Bibliothek

Was tun mit Texten: handelnder Umgang mit Texten: Konzepte, Beispiele, Tips / Bartnitzky, Horst; Hecker, Ulrich (Hg.). - Essen: Neue-Dt.-Schule-Verl.-Ges., 1991
ISBN 3-87964-272-0

2. Auflage 1994

Satz: ZERO Typografischer Betrieb, Moers
Umschlaggestaltung: AM-Graphik, Mülheim an der Ruhr

Inhalt

„Was tun mit Texten!“

Horst Bartnitzky / Ulrich Hecker

Was tun mit Texten!

Der Titel des hier vorliegenden Bandes enthält auch ein wenig Selbstironie:
Eine Gruppe von Kolleginnen und Kollegen stellte in einem kollektiven Arbeits- und Diskussionsprozeß die ,,Konzepte, Beispiele und Tips für einen handlungsbezogenen Deutschunterricht in der Sek. I" zusammen, die dann in unserem Buch *„Deutsch-Werkstatt"* im Verlag Neue Deutsche Schule veröffentlicht wurde.

Ergebnis war eine solche Fülle von Beiträgen, die den ursprünglich geplanten Umfang unseres Buches sprengten: die geplanten 340 Seiten waren – trotz Streichungen bei den Illustrationen, die uns für den Gebrauchswert des Buches sehr wichtig waren – überschritten.

Was also tun mit den Texten?

Wir entschieden uns nicht dafür, die konkreten Beispiele und Tips zu kürzen oder gar einzelne Beiträge ganz wegzulassen, sondern dafür, den Bereich ,,Handelnder Umgang mit Texten" in einem weiteren Band, dem hier vorliegenden, zu veröffentlichen.

Dieses Buch ist Resultat eines lebendigen ,,Produktionsprozesses", der sehr viel mehr Ergebnisse erbracht hat als wir in einem Band unterbringen konnten. Wir wollten unseren Leserinnen und Lesern aber alle Beispiele und Tips zugänglich machen. Daher dieses Buch.

,,Was tun mit Texten" ist also ein Folgeband unserer ,,Deutsch-Werkstatt", er enthält Beispiele für den handlungsbezogenen Umgang mit Texten. Wir hoffen, damit einen ebenso nützlichen Werkstattband vorzulegen.

Worum geht es?

Handelnder Umgang mit Texten im Zusammenhang eines ,,handlungsbezogenen Deutschunterrichts" (zur Definition siehe ,,Deutsch-Werkstatt") ist eine pädagogisch-praktische Antwort auf Fragen,

- wie Schülerinnen und Schüler ihre Subjektivität, ihre Interessen und Bedürfnisse in den (Deutsch-)Unterricht einbringen können,
- wie das ewig wiederholte „über-Texte-sprechen-müssen“ aufgebrochen werden kann durch sinnvolles sprachliches Handeln,
- wie die ursprüngliche Lust, sich kreativ und produktiv mit Elementen der Realität auseinanderzusetzen, auch beim Umgang mit Texten entwickelt und (wieder-)belebt werden kann.

Handelnder Umgang mit Texten bedeutet:
Texte werden von Leserinnen und Lesern in andere Medien, Situationen und Aussageformen hinein „übersetzt“, sie werden variiert, ergänzt, gekürzt, verfremdet, ihnen wird zugestimmt, widersprochen, sie werden hinterfragt . . .

Kurz: Schülerinnen und Schüler werden ermutigt und befähigt, aktiv und produktiv mit Texten umzugehen, ihnen auch mit den eigenen Gefühlen zu begegnen, aus Texten sogar „etwas anderes“ zu machen, sie zu „vergegenständlichen“.

Viele konkrete Beispiele und praktische Tips liefert dieser Band.

Auch dieses Buch ist, wie wir im Vorwort zur „Deutsch-Werkstatt“ schrieben, in dreierlei Hinsicht ein *Werkstatt-Buch:*

- Dokumentiert wird vielfältiger Deutschunterricht, in dem *Schule zur Werkstatt der Schülerinnen und Schüler* wurde: Die Kinder und Jugendlichen entwickelten mit Hilfe die Themen und Ziele, das Arrangement und das (oft vorzeigbare) Ergebnis des Unterrichts.
- Dokumentiert wird dabei auch, wie Lehrerinnen und Lehrer *Schule als pädagogische Werkstatt* verstehen, indem sie nicht fertige Konzepte und Kapitel abhandelten, sondern sich auf offene Lehr- und Lernsituationen einließen und nun hier ihr Mit- und Nach-Denken öffentlich machen.
- Das Buch versammelt Erfahrungen und Überlegungen vieler Lehrerinnen und Lehrer und teilt sie als Beispiel und Anregung mit. Diese Art von Fachbuch steht damit auch für *Fortbildung als kollegiale und innovative Werkstatt,* in der Lehrerinnen und Lehrer voneinander lernen an der Veränderung ihrer Praxis arbeiten.

Mit diesem dreifachen Werkstatt-Charakter ist zugleich ausgesprochen, welche Wünsche wir dem Buch mit auf den Weg geben.

Astrid Lindgren

Der Mann in der schwarzen Pelerine

Eine Botschaft an die Kinder in aller Welt zum Internationalen Kinderbuchtag 1969

Ist es nicht eine merkwürdige Sache mit den Buchstaben und den Wörtern? Stell dir vor, man nimmt eine Menge vollkommen sinnlose s und k und b und wie sie nun alle heißen und setzt sie so zusammen, daß Wörter daraus werden, Wörter, die einen Sinn haben. Und dann kannst du die Wörter zu Sätzen zusammenfügen und sie zwischen zwei Buchdeckel legen, und schon hast du ein Buch! Vielleicht fängt das Buch so an:

„In einer dunklen Herbstnacht schlich ein Mann durch die kleine Pforte in der Schloßmauer. Er sah sich mit scheuen Blicken um. Vielleicht lauerten sie auf ihn dort zwischen den Bäumen im Park? Unter seiner schwarzen Pelerine drückte der Mann ein Bündel an sich. Oh, seinen Schatz sollten sie ihm niemals fortnehmen, eher würde er sein Leben dafür lassen! Mit einem Satz sprang er aufs Pferd. Da hallte ein Schuß durch die Nacht, der Mann schrie auf und fiel aus dem Sattel, und im nächsten Augenblick galoppierte ein weißes Pferd ohne Reiter zwischen den dunklen Bäumen fort."

Und was ist das nun? Ja, eigentlich nichts anderes als eine Menge Buchstaben. Aber daran denkst du nicht, wenn du es liest. Du siehst nur den Mann in der schwarzen Pelerine. Du siehst, daß er Angst hat und wie sich hoch in den Sattel schwingt; du hörst den Schuß und die Hufschläge, wenn das weiße Pferd allein in die Dunkelheit galoppiert. Ist es nicht sonderbar, daß ein paar kleine Buchstaben so mit dir zaubern können? Weißt du, was sie mit dir machen? Sie setzen deine Phantasie in Gang, deine Fähigkeit, Dinge zu sehen, die du eigentlich gar nicht sehen kannst. Bücher verleihen deiner Phantasie Flügel. Diese Fähigkeit mußt du dir gut bewahren – wer weiß, was daraus noch einmal werden kann. Nichts Großes und Bemerkenswertes geschieht in unserer Welt, ohne vorher in der Phantasie eines Menschen geschehen zu sein. Ist dir das mal aufgefallen? Jemand muß es im voraus mit den Augen seiner Seele gesehen haben, genauso wie du den Mann mit der schwarzen Pelerine siehst. Phantasie hatte der Mensch, der zum ersten Mal das Feuer in seinen Dienst nahm. Phantasie hatte, wer das Rad erfand und die Dampfmaschine und den Pockenimpfstoff und die Art und Weise, wie man Atomkerne spaltet. Ohne Phantasie wäre es Columbus niemals eingefallen, von Spanien westwärts zu segeln, um nach Indien zu kommen. Und so entdeckte er Amerika. Wer weiß, was deine Phantasie einmal entdecken oder erfinden kann, wenn sie nur wachsen und gedeihen darf. Vielleicht eine Möglichkeit, den Hunger auf unserer Erde zu besiegen oder die Kriege abzuschaffen. Und wenn sie dazu nicht ausreicht, so hilft sie dir doch, vieles zu verstehen, was du sonst dein Leben lang nicht verstehen könntest. Denn die Phantasie ist wie ein Scheinwerfer, plötzlich erleuchtet sie die Dunkelheit, und man *sieht.*

Nun ist es so, daß sie zum Wachsen ein wenig Hilfe braucht, deine Phantasie. Sie braucht die kleinen Buchstaben und Wörter, all das Spannende und Lustige und Schöne, was zwischen zwei Buchdeckeln Platz findet. Wir haben nichts Besseres als das Buch, um dieses Scheinwerferlicht anzuzünden, damit wir mit den Augen unserer Seele sehen, was wir sonst nicht sehen können. In deinem Alter sehen wir weiße Pferde und Männer mit Pelerinen, wir sehen Seeräuber auf den Meeren und Indianer am Lagerfeuer, Schatzgräber in unterirdischen Höhlen und Raumschiffe auf dem Weg zu fernen Welten, von denen wir nichts wissen, die wir aber trotzdem im Scheinwerferlicht unserer Phantasie sehen. Es ist wichtig und notwendig, daß wir dies alles sehen. Es ist wichtig, daß wir lernen, uns Phantasiebilder zu schaffen, und deswegen ist es wichtig, daß wir früh den Weg zum Buch finden. Denn wir müssen ganz von vorn anfangen. Wenn wir in deinem Alter keine Männer in schwarzen Pelerinen sehen können und keine Seeräuber und Indianer und Raumschiffe, dann werden wir niemals sehen lernen. Dann bleiben wir unser ganzes Leben lang ohne diesen Scheinwerfer, der uns die Dunkelheit erhellt.

Der Mann in der schwarzen Pelerine – was geschah eigentlich mit ihm? Starb er, oder kam vielleicht ein wohltätiger Mönch aus einem nahen Kloster und erbarmte sich seiner? Was für einen Schatz hatte er in seinem Bündel? War es ein Kind oder eine Kiste voll mit den kostbarsten Juwelen? Wer lauerte ihm auf, und wer schoß? Nahmen sie ihm den Schatz weg oder nicht? Und wohin um alles in der Welt lief das weiße Pferd?

Ja, das würdest du sicher gern wissen! Aber ich denke nicht daran, es dir zu erzählen. Haha! Das kannst du dir wirklich selbst ausdenken. Benutze nur deine Phantasie!

(aus: Oetinger Almanach, 8. Jahrgang, 1970)

Ulrich Hecker

Von der Lesekompanie zum Recht auf Lektüre

Vom handelnden Umgang mit Texten

Wenn Schülerinnen und Schüler aus der Grundschule in die Sekundarstufe I kommen, dann haben sie schon vielfältige Erfahrungen mit Texten gemacht: in der Schule, aber auch in ihrem Alltag. In der "Kinderumwelt" außerhalb der Schule haben sie Zeitungen, Zeitschriften, Kataloge, Prospekte, Bücher usw. kennengelernt. Sie haben begonnen, sich von Hörfunk und Fernsehen, von Schallplatten, Hör- und Videokassetten unterhalten und informieren zu lassen. Der Deutschunterricht in der Sekundarstufe I soll Orientierungen vermitteln. Die Schülerinnen und Schüler sollen Klarheit darüber gewinnen, was sie wann, warum, wie und mit welchen Wirkungen rezipieren. Nur so können die Heranwachsenden die fast unüberschaubare Vielfalt der Textangebote (und der damit verbundenen Absichten) durchschauen und lernen, bewußt auszuwählen.

Umgang mit Texten soll auch in der Schule als interessant, abwechslungsreich und alle Sinne einbeziehend erfahren werden können. Die Entwicklung einer kritischen, an eigenen Bedürfnissen orientierten Haltung gegenüber dem Textangebot gelingt nur dann, wenn Schülerinnen und Schüler auch im Deutschunterricht vielfältige Lese-, Hör- und Seherfahrungen machen können und mit den unterschiedlichsten Texten in vielfältigen Vermittlungsformen konfrontiert werden.

Geschriebenen und gedruckten Texten kommt dabei nach wie vor die größte Bedeutung zu. In der Grundschule haben die Kinder in unterschiedlichem Maße gelernt, Texte zu lesen und zu verstehen. An den in der Grundschule erreichten individuellen Stand muß in der Sekundarstufe angeknüpft werden. Kinder in der 5. Klasse sind keine "fertigen" Leserinnen und Leser. Die Lesefähigkeit muß weiter entwickelt werden. Lesefertigkeiten müssen weiter geübt und neu eingeführt werden: Schülerinnen und Schüler lernen, Texte in sinnvolle Abschnitte einzuteilen, unterschiedliche Schriftbilder zu lesen, Texte zu "überfliegen" und dabei wesentliche Informationen zu entnehmen, ihr individu-

elles Lesetempo zu steigern usw.
Wächst das Selbstvertrauen beim Umgang mit Texten so entsteht die Bereitschaft, sich auch auf schwierigere Texte einzulassen. Die Förderung der Lesebereitschaft geschieht nicht nur im gelenkten Unterricht, sondern auch in offenen Lernsituationen (z. B. bei Freier Arbeit, in freien Lesezeiten, bei der Arbeit mit einer Klassenbibliothek, in der Zusammenarbeit mit der Stadtbücherei usw.). Gerade durch die Nutzung von Formen "freien Lesens" gelingt es, daß Schülerinnen und Schüler ihre jeweils eigenen Zugänge zu Texten erschließen können: Sie können ihrem eigenen (Lese-)Tempo entsprechend lesen, sie können zurückblättern, andere Texte vergleichend/ergänzend hinzuziehen, sich an Mitschüler oder Lehrer wenden, ihre Texteindrücke und -erfahrungen mit anderen besprechen usw.

"Lesen lernt man durch lesen!" Auf diese These könnte man unseren Ansatzpunkt zuspitzen. Mit dieser These nehmen wir "Abschied vom Traum der Lesekompanie, die wir, linkszwodreivier, geschlossen zum Ziel führen könnten." (Gerhard Sennlaub)
Die zur "Lesekompanie" formierte Schulklasse funktionierte in der Wirklichkeit ohnehin nicht. "Lesen im Klassenverband" war doch meistens nur: eine/r liest und alle anderen hören nicht zu.

Also: Lese"unterricht" kann, wenn lesen gelernt werden soll, wenn LeserInnen heranwachsen sollen, ohne Sorge ins "didaktische Museum" gestellt werden.
"Lesen lernt man durch lesen." Für den Unterricht bedeutet das: SchülerInnen sollen und können viel und Vieles lesen.
Die Individualisierung (die echtes Lesen ohnehin immer ist) wird Realität in der lese- und LeserInnen-freundlichen Schulklasse.

Abschied nehmen können LehrerInnen so auch "vom Frust des Lesenlehrens, weil Leseunterricht endlich auch uns Spaß macht". (G. Sennlaub)

Es ist wichtig, daß Deutschunterricht an den Bedürfnissen und Gewohnheiten der Schülerinnen und Schüler anknüpft. Er soll und darf dabei aber nicht stehenbleiben:

Am Ende der Sekundarstufe I sollen die Schülerinnen und Schüler "*einen Überblick über wesentliche Formen epischer, dramatischer und lyrischer Texte erhalten und Texte kennengelernt haben, die exemplarisch Lebenssituationen und Schlüsselprobleme von Menschen in früheren Zeiten und in unserer Zeit gestalten.*"
(Lehrplan Deutsch für die Hauptschule NW, S. 63)

In allen Jahrgangsstufen der Sekundarstufe I können und sollen also
- informierende und appellierende Texte in verschiedenen Formen,
- Texte aus Zeitschriften und Zeitungen,
- Texte der elektronischen Medien,
- dramatische, epische und lyrische Texte und
- längere Texte als Ganzschriften

zu Gegenständen des Deutschunterrichts werden.

Sich mit Texten informieren

Die Fähigkeit, möglichst selbständig und in Kooperation mit anderen Informationen zu sammeln, sie zu ordnen, zu werten und zu verarbeiten, wird für die Bewältigung gegenwärtiger wie zukünftiger Lebenssituationen immer bedeutsamer.
Die Lebenswelt konfrontiert Kinder und Jugendliche mit einer kaum überschaubaren, oft verwirrenden Vielfalt von Informationen, die von immer zahlreicheren Medien transportiert werden.
Nach wie vor sind die im Unterricht vorgefundenen Informationen auf Arbeitsblättern, in Lehrbüchern und Materialien zumindest für schulische Lernprozesse bedeutsam. Auch der sinnvolle Umgang mit diesen Medien muß gelernt werden.
Der Deutschunterricht muß also Gelegenheiten bieten, in denen sich Schülerinnen und Schüler einen Überblick über die verschiedenen Informationsquellen verschaffen können, und wo sie lernen können, Fragehaltungen und -interessen zu entwickeln und Informationen zu sammeln, zu ordnen und zu nutzen.

Sich mit Texten auseinandersetzen

Schon in der Grundschule haben Kinder erfahren, daß Texte Gegenstand eingehender Auseinandersetzung werden können. Dabei haben sie gelernt, sich mit anderen über Texte zu verständigen und mit Texten handelnd umzugehen. Überprüfen und vergleichen Schülerinnen und Schüler ihre jeweiligen Texterfahrungen, dann können sie spezifische Eigenschaften entdecken, die mit den Absichten und Wirkungen des Textes zusammenhängen.
Dieser Verständigungsprozeß führt zu einem Vorrat an Verhaltensmöglichkeiten und methodischen Zugangsweisen gegenüber Texten. Es entwickeln sich im Umgang mit Texten und in der individuellen wie gemeinsamen Auseinandersetzung darüber flexible Fähigkeiten,
- sich auf Texte einzulassen,
- das Verständnis von und für Texte zu entwickeln und
- begründete Einstellungen zu Texten zu gewinnen.

Wie schrieb doch Erich Kästner:

"*...Ich las und las. Kein Buchstabe war vor mir sicher. Ich las Bücher und Hefte, Plakate, Firmenschilder, Namensschilder, Prospekte, Gebrauchsanweisungen und Grabinschriften, Tierschutzkalender, Speisekarten, Mamas Kochbuch, Ansichtskartengrüße, Paul Schurigs Lehrerzeitschriften, die 'Bunten Bilder aus dem Sachsenlande' und die klitschnassen Zeitungsfetzen, worin ich drei Stauden Kopfsalat nach Hause trug.*
Ich las, als wär' es Atemholen. Als wär' ich sonst erstickt. Es war eine fast gefährliche Leidenschaft. Ich las, was ich verstand und was ich nicht verstand. 'Das ist nichts für dich', sagte meine Mutter, 'das verstehst du nicht!' Ich las es trotzdem. Und ich dachte: 'Verstehen denn die Erwachsenen alles, was sie lesen?' Heute bin ich selber erwachsen und kann die Frage sachverständig beantworten: Auch die Erwachsenen verstehen nicht alles. Und wenn sie nur läsen, was sie verstünden, hätten die Buchdrucker und die Setzer in den Zeitungsgebäuden Kurzarbeit."

Texte veröffentlichen und die Veröffentlichung von Texten untersuchen

Der Deutschunterricht in der Sekundarstufe muß es Schülerinnen und Schülern ermöglichen, eine Orientierung und Übersicht über die Vielfalt der Kommunikations- und Informationsmedien und ihrer Textvielfalt zu entwickeln. Schülerinnen und Schüler sollten die Fähigkeit erwerben, aus dem Angebot entsprechend eigenen Interessen und Bedürfnissen auszuwählen. Dabei müssen auch die Bereiche der Medienlandschaft erschlossen werden, die Schülerinnen und Schülern zunächst weniger vertraut sind, z. B. die Bibliotheken, der Büchermarkt, das Theater, anspruchsvollere Zeitungen und Zeitschriften usw.

Um die Produktion und Verbreitung von Medien handelnd nachvollziehen zu können, ist die eigene Herstellung von Zeitungen, Broschüren, die Organisation von Ausstellungen ein wertvolles Mittel.

Vom handelnden Umgang mit literarischen Texten

Nach wie vor "*kommt literarischen Texten eine besondere Bedeutung zu. Sie veranschaulichen in besonderem Maße die Vieldimensionalität von Texten und sind deshalb besonders gut geeignet, eine differenzierte Verstehensfähigkeit bei den Schülerinnen und Schülern zu entwickeln. Darüber hinaus vermittelt der handelnde Umgang mit ihnen ästhetische Erfahrungen sowie Sinnerfahrungen, die für die einzelne Schülerin und den einzelnen Schüler lebensbedeutsam werden können.*"
(Lehrplan Deutsch für die Hauptschule NW, S. 66)

Dieser pädagogischen Zielvorstellung für den Umgang mit Literatur steht immer noch allzu oft eine unterrichtliche Praxis entgegen, auf die Hans Magnus Enzensbergers Kritik zutrifft:
"*Nur für die Minderjährigen unter unseren Mitbürgern hat das Recht auf freie Lektüre keine Geltung. Sie, die ohnehin täglich in Betonbunkern gefangengehalten werden, welche das Gemeinwesen eigens zu diesem Zweck errichtet hat, zwingt man fortgesetzt, Gedichte zu lesen, und was noch viel entsetzlicher ist, zu interpretieren. Gedichte, an denen sie in den*

meisten Fällen keinerlei Interesse haben."
(Hans Magnus Enzensberger, Bescheidener Vorschlag zum Schutze der Jugend vor den Erzeugnissen der Poesie. Den Deutschlehrern der Republik zugedacht, in: derselbe, Mittelmaß und Wahn, Suhrkamp Verlag, Frankfurt/M. 1988)

Und so kommt es dann:
"Unsere Schüler lesen nicht mehr!" "Die sitzen nur noch vor der Glotze." "Interesse für Literatur? Keine Spur! Da kann ich bringen, was ich will." So oder ähnlich lauten oft gehörte Klagen an Lehrerzimmertischen.
Neil Postman scheint vorhandenes Desinteresse von SchülerInnen und "Frust" bei LehrerInnen wissenschaftlich zu erklären.
Von ihm stammt die These, daß die Flut der Medienangebote unsere Kreativität und Phantasie, unser "Kulturelles Ich" gefährden. Die wirksamste Medienerziehung ist nicht der Versuch, Medienkonsum verbal und argumentativ abzuwerten. Wirksame Medienerziehung bedeutet die Förderung von Eigenaktivitäten bei Schülerinnen und Schülern. Und zwar gerade im Unterricht, in der Schule.
Frontalunterricht und "Wortunterricht" (G. Sennlaub) behindern spontanes Lernen. Die Gängelung von Schülerinnen und Schülern an der "kurzen Leine unserer Lehre" führt dazu, daß Schüler zu fragen verlernen, daß sie nichts mehr entdecken, sich nicht mehr aktiv mit Texten und anderen Gegenständen des Unterrichts auseinandersetzen.
"Dem passiven Kind in der Schule entspricht das passive Kind zu Hause vor dem Fernseher. ...Könnte es ein, daß die Kinder vor dem Fernseher zu Hause nur fortsetzen, was sie in der Schule tun: passiv aufnehmen? Vielleicht ist das Fernsehen gar nicht der Buhmann."
(Gerhard Sennlaub, Grundlagen von Freiarbeit und Wochenplan, in: Erziehungswissenschaft - Erziehungspraxis, Heft 3/1985, S. 24 ff., Heinsberg 1985)

Sicher liegt hier eine notwendige Antwort des (Deutsch-)Unterrichts: SchülerInnen aktiv sein lassen. Lernen ist wichtiger als lehren!

Ein handlungsbezogener Deutschunterricht stellt einen handelnden, produktionsorientierten Umgang mit literarischen Texten in das Zentrum seiner Bemühungen.

Handelnder Umgang mit Literatur ist eine praktische Antwort auf Fragen,

- wie Schülerinnen und Schüler ihre Subjektivität, ihre Interessen und Bedürfnisse in den (Literatur-)Unterricht einbringen können,
- wie das ewig wiederholte "Über-den-Text-sprechen-müssen" aufgebrochen werden kann,
- wie die ursprüngliche Lust, sich kreativ und produktiv mit Elementen der Realität auseinanderzusetzen, auch im Literaturunterricht entwickelt und (wieder)belebt werden, kann.

Wie also könnte ein Unterricht mit und über Literatur aussehen, der nicht zwangsläufig im "Interpretationsgespräch" endet, der ursprüngliche Literaturinteressen oft zerstört und die langsameren, schwächeren, "literaturferneren" Schüler meist zurückläßt und entmutigt?

Handelnder Umgang mit literarischen Texten bedeutet:

Texte werden von Leserinnen und Lesern in andere Medien, Situationen und Aussageformen hinein "übersetzt", sie werden variiert, ergänzt, gekürzt, hinterfragt, verfremdet, ihnen wird zugestimmt und widersprochen, kurz: Schülerinnen und Schüler werden ermutigt, handelnd mit Texten umzugehen, ihnen auch mit den eigenen Gefühlen zu begegnen, aus Texten schließlich "etwas anderes" zu machen, Texte gar in einem Produkt zu "vergegenständlichen".
Gefordert ist eine Praxis "multimedialer" Aufbereitung literarischer Texte. "Multimedial" bedeutet, daß die individuelle und kollektive Reaktion von Schülerinnen und Schülern auf Literatur einmündet in die Präsentation der Ergebnisse ganz bunter, begreifbarer Antworten darauf: Bilder, Collagen, Text-Bild-Kombinationen, Plakate, Fotos und Dias, Szenen und Puppentheaterstücke, Illustrationen und ganz freie Assoziationen, Texte, Lieder, Pantomimen, Schattenspiele ...

Schülerinnen und Schüler können z. B.:

- aus Texten Comics machen
- zu Texten Bilder malen/zeichnen
- Texte zu Plakaten verarbeiten
- Texte in andere Zeiten übertragen ("Zeitreise")

- kurze Texte (Sprüche, Zitate) auf Streichholzschachteln schreiben und diese ausstellen/verkaufen
- Texte in Jugendsprache, eine Fremdsprache übersetzen
- Moritat zu einem Text gestalten
- einen Kalender mit ausgewählten Texten herstellen
- Hörspiel auf Cassette aufnehmen
- Texte drucken
- ...

Beim handelnden Umgang mit Texten treten deren Eigenschaften besonders plastisch hervor. Durch Veränderungen werden Textwirkungen verstärkt oder gestört und damit deutlicher erkennbar. Beim handelnden Umgang mit Texten erwerben Schülerinnen und Schüler Techniken und Verfahren, die sie weiter entwickeln, und die schließlich als Arbeitstechniken zur Verfügung stehen.
Die Ergebnisse eines so gestalteten Unterrichts mit und über Literatur sollen so oft wie möglich zusammengestellt und veröffentlicht werden. Das kann bis hin zu einer multimedialen Komposition optischer und akustischer Gestaltungselemente gehen. So entfaltet sich ein Unterricht, der Novalis' "Vermischte Bemerkung" einlöst:
"Nur dann zeig ich, daß ich einen Schriftsteller verstanden habe, wenn ich in seinem Geist handeln kann, wenn ich ihn, ohne seine Individualität zu schmälern, übersetzen und mannigfach verändern kann."

In dieser Weise gehen Schülerinnen und Schüler aktiv handelnd mit verschiedenen Formen medialer Vermittlung um und sammeln eigene Erfahrungen mit der Veröffentlichung von Texten. Sie können konkret lernen, sich der Mittel und Wirkungen verschiedener Medien im eigenen Interesse zu bedienen. Mit unterschiedlichen Publikationsformen und Medien wenden sich Schülerinnen und Schüler dann an die schulinterne und, wenn es sinnvoll und möglich ist, auch an die außerschulische Öffentlichkeit.
Es versteht sich, daß ein solches Bearbeiten, Verändern und Übersetzen von Texten nicht in den 45-Minuten-Takt gepreßt werden kann. Hetze ist der Tod solcher Vorhaben, die Muße brauchen. Wie Literatur überhaupt!
Denn Genuß und Erlebnis entstehen nicht im Fließbandtakt.

Erika Altenburg

Lesen: 10 Methoden, wie Schüler/innen selbständige Leser werden

Viele Schülerinnen und Schüler lesen ungern. Zu fragen ist, ob und inwieweit wir mit der Art unseres Lesens im Unterricht, unserer Lese-Methode, hierzu beitragen. Wie sieht das schulische Lesen häufig aus? Einer liest vor, die anderen sollen still mitlesen. Es ist hierbei sicherlich schon aufgefallen, daß die Zuhörenden mehr vom Text wußten bzw. wiedergeben konnten als die Vorleser/innen.

Der Grund hierfür wird deutlich, wenn wir uns klarmachen, was "Lesen" eigentlich bedeutet. Wissenschaftlich betrachtet ist Lesen ein vielschichtiger kognitiver Prozeß, bei dem die gesamten sprachlichen und außersprachlichen Erfahrungen des Menschen einbezogen werden müssen. Lesen zu können, Texte zu verstehen, beinhaltet somit mehr als die Fertigkeit, Buchstaben in Laute zu "übersetzen". Wer liest, interessiert sich für den Inhalt des Geschriebenen.

Beim Vorlesen eines unbekannten Textes muß nahezu gleichzeitig der Inhalt erfaßt werden und die Artikulation erfolgen. Damit sind viele restlos überfordert. Sie konzentrieren sich so sehr auf das Artikulieren, daß die Sinnentnahme ganz oder teilweise verloren geht; das Lesen halten sie für eine Technik, sie interessieren sich kaum mehr für die Inhalte.

Es ist notwendig, beides voneinander zu trennen:

- das inhaltliche Erschließen eines Textes
- das Vorlesen eines Textes, womöglich als sprechgestaltendes Vortragen

Für das Erschließen von Texten stehen zahlreiche Methoden, bekannte und weniger bekannte, zur Verfügung . Zehn Methoden sollen hier vorgestellt werden.

1. Schlüsselbegriff(e) eines Textes klären

Grundlage dieses Verfahrens ist die sprachwissenschaftliche Erkenntnis, daß jedes Wort ein ganzes Spektrum von Bedeutungen hat und die Festlegung eines Begriffes erst innerhalb des jeweiligen Textzusam-

menhanges erfolgt. Der Leser/die Leserin muß also, um einen Begriff verstehen zu können, eigene Kenntnisse haben und diese aktivieren, um dann aus dem Kontextbezug die spezielle Bedeutung zu ermitteln. Die praktisch-methodische Umsetzung kann etwa so aussehen:
Ein "markanter" Begriff des Textes wird präsentiert (bei manchen Texten kann es sinnvoll sein, zwei Begriffe zu nehmen), z. B. durch Tafelanschrieb, und die Schüler/innen nennen bzw. notieren (Partner- oder Gruppenarbeit), welche Vorstellungen, Bedeutungsvarianten, sie mit diesem Wort verbinden.

Beispiel: "Sitzengeblieben"

Nennungen (7. Klasse):
- enttäuscht
- mehr anstrengen
- traurig
- schlechte Noten
- keine Hausaufgaben gemacht
- Ärger
- Prügel vom Vater
- Klatsch der Nachbarn
- Problem

Aus dieser Sammlung wurde der Arbeitsauftrag (Such- bzw. Leseauftrag) für das selbständige Lesen abgeleitet: "Im Text kommt der Ausdruck 'sitzengeblieben' vor. Welche der notierten Aussagen trifft hier zu - oder wird eine ganz neue Bedeutung gefunden?"

Textvorlage:

Peter Weiss

Sitzengeblieben

Ich kam mit dem Schulzeugnis nach Hause, in dem ein schrecklicher Satz zu lesen war, ein Satz, vor dem mein ganzes Dasein zerbrechen wollte. Ich ging mit diesem Satz große Umwege, wagte mich nicht mit ihm nach Hause, sah immer wieder nach, ob er nicht plötzlich verschwunden war, doch er stand immer da, klar und deutlich. Als ich schließlich doch nach Hause kam, weil ich nicht die Kühnheit hatte, mich als Schiffsjunge nach Amerika anheuern zu lassen, saß bei meinen Eltern Fritz W. Was machst du denn für ein betrübtes Gesicht, rief er mir zu. Ist es ein schlechtes Zeugnis, fragte meine Mutter besorgt, und mein Vater blickte mich an, als sehe er alles Unheil der Welt hinter mir aufgetürmt. Ich reichte das Zeugnis meiner Mutterhin, aber Fritz riß es mir aus der Hand und las es schon und brach in schallendes Gelächter aus. Nicht versetzt, rief er, und schlug sich mitseiner kräftigen Hand auf die Schenkel. Nichtversetzt, rief er noch einmal, während meine Eltern abwechselnd ihn und mich verstört anstarrten, und zog mich zu sich heran und schlug mir auf die Schulter. Nicht versetzt, genau wie ich, rief er, ich bin viermal sitzengeblieben, alle begabten Männer sind in der Schule sitzengeblieben. Damit war die Todesangst zerstäubt, alle Gefahr war vergangen. Aus den verwirrten Gesichter meiner Eltern konnte sich keine Wut mehr hervorarbeiten, sie konnten mir nichts vorwerfen, da ja Fritz W., dieser tüchtige- und erfolgreiche Mann, alle Schuld von mir genommen hatte und mich dazu noch besonderer Ehrung für würdig hielt.

(Quelle: Drucksachen 6; Original in: Abschied von den Eltern, Darmstadt, Moderner Buchclub, 1964.)

Die Kinder meinten, daß die Geschichte "ganz anders als erwartet" gewesen wäre, "erst traurig, dann fröhlich". Sie stellten fest, daß in diesem Text eine andere Auffassung von "Sitzenbleiben" deutlich würde, und zwar als "nicht schlimm, nicht tragisch, ..die Welt geht nicht unter.."; es habe zwar ein "Problem" bestanden, dies sei aber durch den Besucher und seine Sichtweise gelöst worden.
Für den Lesevortrag schlugen sie ein Lesen mit verteilten Rollen vor (bzw. ein szenisches Spiel); dabei sollte darauf geachtet werden, daß die Steigerung in den Äußerungen des Fritz W. deutlich würden sowie seine positive Einstellung.

1. *Lehrer/in wählt einen (oder zwei) Schlüsselbegriff(e) aus*
2. *Schüler/innen sammeln Bedeutungs-"Möglichkeiten"*
3. *...lesen selbständig still den Text mit der Aufgabenstellung: vergleichen*
4. *...begründen ihre Entscheidung, diskutieren*

2. Textteile antizipieren

Lesen wird als "hypothesentestender Prozeß" (Goodman) verstanden, wobei Vermutungen für den weiteren Fortgang des Textes sozusagen "innerlich" formuliert (antizipiert) und überprüft werden, bis die eigene "Idee" durch den Text bestätigt wird. Dieser ganze Vorgang läuft bei geübten Lesern/Leserinnen blitzschnell ab und wird selten bewußt wahr genommen. Methodisch genutzt werden kann die o.a. Erkenntnis innerhalb der Einzelförderung (Satz für Satz) sowie in bezug auf größere Textteile.

Dieses Verfahren der Texterschließung besteht darin, einen Teil eines Textes (Überschrift, Textanfang) vorzulegen und aus der Vermutung, wie "es" witergehen könnte, einen Leseauftrag zu gewinnen und gleichzeitig bereits eine persönliche, emotionale Anknüpfung zu schaffen.

Bei unserem Textbeispiel wäre es möglich, die ersten zwei oder drei Sätze vorzulesen und die Kinder schriftlich oder mündlich ihre Vermutungen zum Text formulieren zu lassen.

Ich kam mit dem Schulzeugnis nach Hause, in dem ein schrecklicher Satz zu lesen war, ein Satz, vor dem mein ganzes Dasein zerbrechen wollte. Ich ging mit diesem Satz große Umwege, wagte mich nicht mit ihm nach Hause, sah immer wieder nach, ob er nicht plötzlich verschwunden war, doch er stand immer da, klar und deutlich.

Wie kann es weitergehen? - Der restliche Text wird vorgelegt, still gelesen und mit den eigenen Vermutungen verglichen. Auf diese Weise wird oft die "besondere Idee" des Autors/der Autorin deutlich, die Pointe eines Textes (z. B. bei Fabeln wie "Der Affe als Schiedsrichter", bei P. Weiss die ungewöhnlichr Reaktion, Sichtweise).

1. *Lehrer/in entscheidet, bis zu welcher Stelle der Text vorgegeben wird.*
2. *Schüler/innen lesen still, antizipieren Fortsetzung.*
3. *...stellen ihre Ergebnisse vor, halten sie ggf. fest.*
4. *...lesen die Fortsetzung.*
5. *...vergleichen ihre Vermutung mit dem Text.*

3. Text rekonstruieren

Hierbei geht es darum, den Verbindungen der Textteile untereinander, den Verknüpfungen, besondere Aufmerksamkeit zu widmen. Der Text wird hierzu ungeordnet, in Form einzelner Sätze oder Abschnitte (bereits geschnitten oder verwürfelt zum Auseinanderschneiden), präsentiert.

Ich reichte das Zeugnis meiner Mutter hin, aber Fritz riß es mir aus der Hand und las es schon und brach in schallendes Gelächter aus.

Ich kam mit dem Schulzeugnis nach Hause, in dem ein schrecklicher Satz zu lesen war, ein Satz, vor dem mein ganzes Dasein zerbrechen wollte. Ich ging mit diesem Satz große Umwege, wagte mich nicht mit ihm nach Hause, sah immer wieder nach, ob er nicht plötzlich verschwunden war, doch er stand immer da, klar und deutlich.

Damit war die Todesangst zerstäubt, alle Gefahr war vergangen.

Als ich schließlich doch nach Hause kam, weil ich nicht die Kühnheit hatte, mich als Schiffsjunge nach Amerika anheuern zu lassen, saß bei meinen Eltern Fritz W. Was machst du denn für ein betrübtes Gesicht, rief er mir zu. Ist es ein schlechtes Zeugnis, fragte meine Mutter besorgt, und mein Vater blickte mich an, als sehe er alles Unheil der Welt hinter mir aufgetürmt.

Aus den verwirrten Gesichtern meiner Eltern konnte sich keine Wut mehr hervorarbeiten, sie konnten mir nichts vorwerfen, da ja Fritz W., dieser tüchtige und erfolgreiche Mann, alle Schuld von mir genommen hatte und mich dazu noch besonderer Ehrung für würdig hielt.

Nicht versetzt, rief er, und schlug sich mit seiner kräftigen Hand auf die Schenkel. Nicht versetzt, rief er noch einmal, währnd meine Eltern abwechselnd ihn und mich verstört anstarrten, und zog mich zu sichheran und schlug mir auf die Schulter. Nicht versetzt, genau wie ich, rief er, ich bin viermal sitzengeblieben, alle begabten Männer sind in der Schule sitzengeblieben.

Wenn alle Anschlüsse bzw. Verknüpfungen im Text (in bezug auf Satzbau, Bedeutung, Textaufbau) richtig erkannt werden, so wird der Originaltext wiederhergestellt.

Es gibt also nur *eine* richtige Lösung und keine kreativen Varianten! Aus den falschen Lösungsvorschlägen und der entsprechenden Diskussion ergeben sich jedoch interessante Einblicke im Hinblick auf den Verstehensprozeß sowie die Textstruktur.

1. *Lehrer/in schneidet Text satz- oder abschnittweise auseinander.*
2. *Schüler/innen versuchen, den Text zu rekonstruieren.*
3. *...erläutern und diskutieren ihre Ergebnisse, begründen aus dem Textzusammenhang.*

4. Text ergänzen

-

Bei diesem Verfahren geht es darum, alle im Text gegebenen Informationen aufeinander zu beziehen, zu verarbeiten, um von daher *einen* fehlenden Begriff (einen wesentlichen) ergänzen zu können. Damit bekommt das selbständige Lesen eine Art Rätselcharakter: wer sorgfältig liest und alle Hinweise im Text realisiert, findet die Lösung (oder zumindest einen Teil). Diese Methode eignet sich für viele Textsorten, besonders gut für Gedichte (z. B. Weglassen der Überschrift beim Gedicht "Schaukelspaß" von U. Wölfel).
In unserem Textbeispiel könnte man jeweils "Schulzeugnis" bzw. "Zeugnis" weglassen und hätte damit eine relativ leichte Aufgabenstellung für das stille Lesen.

Ich kam mit dem .... nach Hause, in dem ein schrecklicher Satz zu lesen war, ein Satz, vor dem mein ganzes Dasein zerbrechen wollte. Ich ging mit diesem Satz große Umwege, wagte mich nicht mit ihm nach Hause, sah immer wieder nach, ob er nicht plötzlich verschwunden war, doch er stand immer da, klar und deutlich. Als ich schließlich doch nach Hause kam, weil ich nicht die Kühnheit hatte, mich als Schiffsjunge nach Amerika anheuern zu lassen, saß bei meinen Eltern Fritz W. Was machst du denn für ein betrübtes Gesicht, rief er mir zu. Ist es ein schlechtes . ..., fragte meine Mutter besorgt, und mein Vater blickte mich an, als

6. Text gliedern

Ein Text wird ungeordnet, d. h., ohne Wortgrenzen, Satzgrenzen, Redezeichen oder Verseinteilung (bei Gedichten) präsentiert. Wer den Text richtig verstanden hat, kann die entsprechende Gliederung vornehmen.
In unserem Beispiel könnte der ungegliederte Lesebuchtext in Abschnitte gegliedert werden (Satz 1-3, 4-9, 10-11). Die vorgetragene Begründung der Texteinteilung macht das jeweilige Textverständnis deutlich.

1. *Lehrer/in wählt geeignete Gliederungsmöglichkeit, bereitet den Text entsprechend vor.*
2. *Schüler/innen lesen still, gliedern den Text.*
3. *... stellen Gliederungsmöglichkeiten vor, begründen, diskutieren.*

...

7. Texte vergleichen

Ausgehend von dem Vergleich von zwei unterschiedlichen Texten zu einem Thema kann die jeweilige Autorenintention (Textaussage) zum zentralen Punkt der Texterschließung gemacht werden. Bezogen auf unseren Beispieltext könnten die Kinder selbst Texte zum Thema "Sitzengeblieben" verfassen und anschließend mit dem Autorentext vergleichen. Denkbar ist natürlich auch die Vorlage anderer literarischer Texte zum gleichen Thema. Durch den Vergleich von Sachtext mit lyrischem Text (z. B. ein Lexikontext zum Thema Regenbogen sowie ein Gedicht; "Die Geschichte vom grünen Fahrrad" von U. Wölfel und "Der seltsame Spazierritt" von P. Hebel).

1. *Lehrer/in wählt zwei Texte zu einem Thema, bzw. bestimmt eine Schreibaufgabe.*
2. *Schüler/innen lesen still, vergleichen in Partner- oder Gruppenarbeit die Texte*
   oder:
   ... schreiben eigene Texte, stellen sie vor, vergleichen mit Autorentext

   ...

sehe er alles Unheil dieser Welt hinter mir aufgetürmt. Ich reichte das ...... meiner Mutter hin, aber Fritz riß es mir aus der Hand....

1. *Lehrer/in löscht zentralen Begriff.*
2. *Schüler/innen erhalten Textvorlagen mit Lücken und versuchen zu ergänzen.*
3. *...vergleichen und diskutieren ihre Ergebnisse, begründen aus dem Textzusammenhang.*
4. *...lesen Originaltext und vergleichen mit ihrer/ihren Lösung/en.*

5. Text vom Textende her erschließen

Entgegen der "normalen" Leserichtung wird zuerst das Ende eines Textes vorgelegt, in unserem Beispiel der letzte Satz:

Aus den verwirrten Gesichtern meiner Eltern konnte sich keine Wut mehr hervorarbeiten, sie konnten mir nichts vorwerfen, da ja Fritz W., dieser tüchtige und erfolgreiche Mann, alle Schuld von mir genommen hatte und mich dazu noch besonderer Ehrung für würdig hielt.

Hieraus werden Informationen entnommen: handelnde Personen; was erfahren wir über sie? Dann wird eine Fragestellung für die Lektüre des restlichen Textes abgeleitet (ergibt sich naturgemäß, wenn man vom Textende ausgeht): um welche "Schuld", um welches Problem geht es? Was konnten die Eltern dem Kind nicht mehr vorwerfen?
Durch das o.a. Verfahren können vor allen Dingen komplizierte, umfangreiche Texte "handhabbar" gemacht werden (z. B. "Die Kunst einen Hahn zu fangen" von Siegfried Lenz u. a.).

1. *Lehrer/in entscheidet, wieviel vom Textende vorgelegt werden soll.*
2. *Schüler/innen lesen Textende, entnehmen Informationen und halten sie fest, leiten Fragen an den übrigen Text ab.*
3. *... lesen restlichen Text, um die Fragen zu beantworten.*
4. *... sprechen über die Antworten, die der Text gibt.*

   ...

8. Text bildnerisch umsetzen

9. *Text grafisch umsetzen*

Hierbei wird das Gelesene nach der selbständigen Lektüre in Form eines Comics (hierfür wäre unser Beispiel geeignet), einer Collage oder einer Abfolge von Strichmännchen (z. B. "Pfeifkonzert" von U. Wölfel) dargestellt. Bei der grafischen Darstellung steht die Entwicklung von Sozialbeziehungen im Vordergrund.

Bei der Vorstellung bzw. Diskussion der Ergebnisse wird wiederum das individuelle Textverständnis thematisiert.

1. *Schüler/innen lesen Text still.*
2. *... stellen Textinhalt bildnerisch oder grafisch dar.*
3. *... stellen Ergebnisse vor und sprechen darüber.*

   ...

10. *Text szenisch umsetzen*

Auch bei dieser Methode der Texterschließung steht der "handelnde" Umgang mit dem Text im Vordergrund: die Kinder sollen ihr Textverständnis zeigen, indem sie die "Geschichte" im szenischen Spiel, und zwar in freier Rede (schult den mündlichen Sprachgebrauch!) wiedergeben. Unser Beispieltext eignet sich auch hierzu sehr gut. Die Kontrolle, ob *richtig* gespielt wurde, ergibt sich durch die Überprüfung am *Text*.

Als Hilfe kann folgendes Schema dienen:

1. *Schüler/innen lesen Text still.*
2. *... bilden Gruppen, sprechen über ihr Textverständnis, verteilen die Rollen.*
3. *... spielen vor; Zuschauer/innen diskutieren Textverständnis.*

   ...

Barbara Schlotmann

Schüler brauchen Raum und Zeit zum Lesen - Leseecke, Lesezeit und Klassenbücherei

Situation 1:

Der Klassenraum ist hell. Die hohen Fenster des Schulgebäudes aus dem 19. Jahrhundert werfen Lichtbündel und grüne Schatten vom alten Baumbestand auf dem Hof herein. Es ist noch früh am Morgen, die Klasse 4b füllt sich langsam. Andreas und Christian angeln sich gleich einen ganzen Stoß von den "neuen" Bibliotheksbüchern aus dem Regal und verziehen sich wortlos in "ihre" Morgenecke. Diese Mehrzweckecke bietet mit Sofa, Sesseln und aufgehäuften Kissen Raum für unterschiedliche Beschäftigungen. Von den Schülern wird sie überwiegend zum Lesen genutzt. Die beiden 10-jährigen verbringen hier regelmäßig die erste halbe Stunde des Schulmorgens. Sie sondieren die neu gekommenen Bücher nach spannendem Stoff. Sie finden meist ein Buch, das sie besonders fesselt. Später werden sie vielleicht darüber im Morgenkreis berichten. Sie und andere sind noch vertieft in ihre Lektüre, als die Klassenlehrerin den Raum betritt.

Situation 2:

Ein moderner Klassenraum, helle Wände, Poster aus Sport- und Tierwelt. An den Seitentafeln sind Hausaufgaben und Dienste eingetragen. Im Hintergrund ein Regal mit diversen Materialien; die Tische im Gruppenarrangement. Hier ist die Klasse 5a zu Hause, die Andreas und Christian seit nunmehr sieben Wochen besuchen. Um 8.00 Uhr trabt die Schülergruppe herein und verteilt sich auf ihre Plätze. Der Unterricht beginnt. Auch in dieser Klasse wird gelesen. In der dritten Stunde ist Deutsch "dran". Ein Lesebuchtext war aufgegeben gewesen. Reihum wird ein Stückchen gelesen - mal mehr, mal weniger stockend. Auch Christian kommt an die Reihe. Noch macht ihm diese Art der Leistungsüberprüfung Spaß, aber wie lange noch? Für die, die nicht so geübt sind, ist diese Form des Umgangs mit "Lesestücken" häufig eher eine Qual, die sie bald entmutigt und ihnen oft für immer die Neugier auf

Texte, den Spaß am Lesen austreibt. "Meine lesen überhaupt nicht, sie können's auch gar nicht" höre ich oft von Kolleg/innen über Schüler - schon in der 6. Jahrgangsstufe. Muß das so sein? Sicherlich nicht! Im oben skizzierten Bild sind Rahmenbedingungen für den eigentätigen Umgang mit Texten geschaffen worden, die das Lesen von Lektüre eigener Wahl zulassen.

Zeit steht zur Verfügung, sich je nach Angebot und Verfassung intensiver und ausgedehnt mit einem Stoff auseinanderzusetzen. Lesezeit ist vorhanden, in der unüberwacht - auch Träumen ist dabei erlaubt - nach eigener Entscheidung Kennenlernen und Vertiefen möglich ist.

Die Leseecke ist sozusagen öffentlicher Rückzugsbereich, wo auch der spontane Austausch über aktuelle Leseerfahrungen gefördert wird. Gemeinsam gefundene Regeln sichern eine Atmosphäre, die für alle, die sich hier beschäftigen, zuträglich ist. Eine Stimmung "angeregter Ruhe" wird erhalten. Die Lesefrüchte werden freiwillig geteilt. Die Form des Gesprächskreises mit Kurzvorträgen wurde dafür gefunden. Was in der Grundschule mit soviel Erfolg begonnen wurde, sollte in der Hauptschule weitergeführt werden. Was in der 5. Jahrgangsstufe eingeführt bzw. fortgeführt wird, ist in den folgenden Jahrgängen als Institution zu erhalten.

Organisatorische Grundlagen:
Die Klassenbücherei und die Nutzung der Stadt(teil)bücherei

Den Grundstock für diese Form des handelnden Umgangs mit Literatur stellt die Klassenbücherei. Sie läßt sich mit der Zeit aus Spenden, eigenen Büchern der Schüler, Anschaffungen, Preisen für Wettbewerbe etc. auf- und ausbauen. Eins ist dabei wichtig: das Angebot muß wechseln und erneuert werden. Ladenhüter interessieren nicht.

Einmal im Monat ist ein Besuch in der Stadt(teil)bücherei anzusetzen. In vielen Städten kommt der Bücherbus regelmäßig vorbei. Bei dieser Gelegenheit kann themenbezogen und/oder nach Schülerwünschen eine Bücherkiste zusammengestellt werden, die für die Entleihphase in der Leseecke an einem dafür vorgesehenen Platz verbleibt. Über freie Tage oder Wochenenden können einzelne Bücher mit nach Hause genommen werden. Die Kontrolle über Leihfrist und Rückgabe übernehmen die Schüler. Wie man die Ausleihe organisiert, zeigt ihnen die Stadtbücherei. Durch die Nutzung all dieser Möglichkeiten wird die Klassenbücherei immer umfangreicher. Eine amerikanische Studie hat belegt: je größer und unterschiedlicher das Leseangebot in einer Klasse, desto mehr wurde gelesen - von Kindern aus sozialen Umgebungen, in denen Bücher unbekannt waren.

Exkurs: Inhaltliche Schwerpunkte
Thematische Ausrichtung: Benutzen von Fachliteratur: Themen in den Sachfächern können durch zusätzliche Literatur differenziert bearbeitet werden. Ausweitung auf ausländische/muttersprachliche Literatur: Die meisten Büchereien verfügen heute über Kinder- und Jugendliteratur in den Sprachen der Herkunftsländer. Hier können die muttersprachliche Kompetenz und die Begegnung mit der Heimatkultur gefördert werden.

Lesezeit

Wichtig ist - neben der materiellen Ausstattung -, daß die Schüler/innen Zeit finden zum Lesen. Dies läßt sich günstiger einrichten, wenn häufiger Klassenlehrerstunden zur Verfügung stehen. Dann sind Phasen zu Beginn oder am Ende von Blockstunden denkbar. Darüber hinaus sind flexible Möglichkeiten zum Rückzug in die Leseecke einzurichten, wenn Schüler und Schülerinnen verbleibende Zeit nach Fertigstellung bestimmter Aufgaben nutzen können. Dies gilt für den Deutschunterricht, aber auch für die anderen Fächer. Solche Lesezeiten müssen mit den Fachlehrern gemeinsam eingeplant werden. Ein Thema für Elternabend und Klassenkonferenz. In Klassen, wo Freies Arbeiten, Arbeitsplan und Formen offenen Unterrichts eingeführt sind, wird es keine Schwierigkeiten geben. Anderswo sind flexible Lesephasen als erster Schritt in die gemeinte Richtung anzusehen.

Aus dem bis hier Gesagten könnte verstanden werden, daß Lesezeit Zeit für Rückzug, Entspannung und Nutzung von freier Zeit ist - das auch! Aber vor allem ist Lesezeit produktive Zeit (vgl. hierzu den Beitrag "Rezensionen und Referate). Im Sinne eines integrativen Deutschunterrichts ist Lesezeit die Voraussetzung für die individuelle Auseinandersetzung mit Texten, die mit anderen Bereichen sprachlichen

Handelns in Verbindung tritt.

Räumliche Voraussetzungen

Leseecken, die man in Grundschulen antrifft, sind z.T. sehr phantasievoll eingerichtet. Mal erinnern sie an gemütliche Kinderzimmer mit Teppich zum Liegen und Kissen zum Versinken (oder Versenken), mal an ein orientalisches Zelt, das märchenhaft und geheimnisvoll wirkt. Mal macht die Leseecke einen fast technischen Eindruck, wenn sie z.B. mit einer Klassendruckerei kombiniert wurde. Immer ist sie anregend gestaltet und ein in sich geschlossenes Element des Klassenraums. In Hauptschulen läßt sich eine Leseecke für "erwachsenere" Leser mit geringen Mitteln ähnlich gestalten. Notwendig sind in jedem Fall ein bis zwei Regale zur optischen Trennung und Unterbringung der Bücher. Es genügen mehrere zusammengeschobene Schülertische und einige Stühle, um den Charakter einer abgeschlossenen, zweckgebundenen Zone zu erhalten.

Benutzerregeln

Die Benutzung der Leseecke ist ein Privileg, Mißbrauch wird durch Regeln, die die Schüler selber formulieren, verringert oder ausgeschlossen. Der Katalog der Vereinbarungen umfaßt Lesezeiten, zusätzliche Leseerlaubnis, Freiarbeitmöglichkeiten, Lesen ohne Störung durch und für die Mitschüler/innen etc. Lektüre, die spannend oder spaßig ist, wird weitergegeben (vgl. Beitrag "Rezensionen und Referate"). Besonders Interessantes kann von den Schülern zur (ausschnittsweisen) Klassenlektüre gemacht oder zur Anschaffung vorgeschlagen werden.

Lesen - ein Gewinn für den Unterricht

Die Institution Klassenbücherei/Leseecke/Lesezeit unterstützt und gewährleistet die Auseinandersetzung mit Texten/Literatur in einer Weise, die Schüler/innen akzeptieren. Sie bestimmen ihre Lektüre, ihr Lesetempo und ihre Lesezeit selbst. Selbstbestimmte Auswahl aus einem anregenden und vielfältigen Angebot motiviert ihre Zuwendung zu Büchern. Die Förderung ihrer Lesefreude ist zunächst das übergeordnete Ziel für den Deutschunterricht. Darüber hinaus lassen sich Verbindungen herstellen zu anderen Bereichen des Deutschunterrichts, wenn über die Lektüre anderen etwas mitgeteilt wird, Diskussionen entstehen, szenische Umsetzungen angeregt werden, Impulse für bildnerische Gestaltung genutzt werden. Aus der individuellen Auseinandersetzung mit einem Text wird ein gemeinsames Thema. Umgekehrt kann das Interesse, durch Lektüre bestimmte Themen zu vertiefen, geweckt werden. Diese Wechselwirkung gilt es aufzubauen und zu erhalten - ein Schulleben lang.

Friederike Borowsky

Die „Klabi" – Leben mit Büchern

Mit der Einrichtung einer Klassenbibliothek sind zwar noch nicht alle Kinder zu Leseratten gemacht. Aber vielen von ihnen, darunter auch jenen, die bislang nur wenig oder gar entmutigenden Umgang mit Schrift und Schriften hatten, wird die vorsichtige Annäherung an das Medium ‚Buch' erleichtert. In Verbindung mit einer gemütlich-attraktiven Leseecke und mit einem selbstorganisierten Ausleihverfahren bekommt das Lesen in einer Klasse bald einen recht hohen Stellenwert. „Flippige" Kinder finden und genießen Ruhe, zeitweilige (entlastende) Rückzüge werden möglich für die, die noch nicht ständig die Gemeinschaft mit vielen ertragen können, aber gerade auch – lustvoll praktiziertes – intensives Gemeinschaftserleben wird möglich: z. B. bei Lesungen reihum in der Kleingruppe, möglichst bei Tee und Keksen.

Die Klassenbibliothek ist eine der bedeutendsten Informationsquellen in der Freiarbeit, und sie bietet Anregungen für das Schreiben freier Texte, die ihrerseits wieder Teil der „Klabi" werden können, wenn sie zu Textsammlungen zusammengestellt und als „Klassenbücher" gebunden werden. Gegenseitige Leseempfehlungen, veröffentlicht an der Pinnwand, weisen auf einzelne Werke der Bibliothek oder auch über sie hinaus und regen damit evtl. zu ihrer Aufstockung an. Arbeitsaufträge im Zusammenhang mit (Themenplänen zu) einzelnen Unterrichtseinheiten machen den gezielten Gebrauch von Fachbüchern nötig, manche Aufgaben lassen sich gut mithilfe von Nachschlagewerken erledigen bzw. überprüfen.

Wie kommt man zu einer Klassenbibliothek?

a) Finanzielles und Organisatorisches

An einer Gesamtschule beispielsweise (der Martin-Niemöller-Gesamtschule in Bielefeld) wurde vor einigen Jahren bei der Einführung der Freiarbeit damit begonnen, alle Klassen mit eigenen Büchereien auszustatten. Der erste Jahrgang bekam stets nach einem Jahr neue, altersangemessene und teilweise auf die laufenden Unterrichtsthemen bezogene Bücher, die er später den folgenden Klassen „vererbte". Freiarbeit war der Schule wichtig genug, um einen recht großzügigen Etat für die Klassenbibliothek auszuweisen, der teilweise durch Umschichtungen aus den Fachetats gebildet wurde. Regale besorgten die Klassen selbst: vom Sperrmüll, aus Betriebsauflösungen, über Kleinanzeigen, oder es gab Eltern, die sie mit Kindern zusammen bauten.

In anderen Schulen bezahlt der Förderverein die Grundausstattung an Büchern und der Schulträger die Regale, Klassen kaufen jeden Monat aus der Klassenkasse ein Buch, man durchstöbert Flohmärkte (und ergattert dort schon mal für 10,– Mark 15 Bücher), zeitweilige Ausleihe oder Spenden von „ausgelesenen Büchern" durch einzelne Kinder ergänzen den Bestand. Auch die öffentlichen Bibliotheken helfen meist gern, die Klassenbibliotheken zeitweilig zu erweitern und stellen auf Wunsch einen Handapparat zu bestimmten Themen zusammen, den sich ein Jahrgangsfachteam dann an die Schule holt.

Voraussetzung dafür ist eine Einigung unter den KollegInnen auf eine überschaubare Anzahl von Titeln und ein sorgfältiger Umgang mit den Büchern. Jede Klasse bekommt nun den mobilen Teil der Klassenbibliothek entweder für ein, zwei Wochen ausgeliehen oder, besser zumeist, er wird zu bestimmten Freiarbeits- oder Fachstunden zur Verfügung gestellt. Empfehlenswert ist es, die Ergänzungsbücherei in einem Einkaufswagen (ausrangiert a. d. nächsten Einkaufszentrum) zu transportieren und dort auch stets zu belassen. Zur schnellen Überprüfung der Vollständigkeit (durch die BetreuerInnen der jeweiligen Klabi beispielsweise) sollte eine Liste mit Buchtiteln und Nutzungsdatum beigegeben werden.

b) Inhaltliches

In der o. g. Schule hat sich eine Gruppe von DeutschlehrerInnen (zumeist gleichzeitig im Lernbereich Gesellschaftslehre unterrichtend) um die Zusammenstellung der Klassenbibliotheken verdient gemacht. Schwerpunktmäßig enthielten sie daher Romane, Geschichten- und Gedichtsammlungen für Kinder, weiterhin Nachschlagewerke und Sachbücher zu den jeweiligen Gesellschaftslehrethemen. Einige Bücher mit naturwissenschaftlichen und technischen Themen kamen hinzu. Die im ersten Benutzerjahrgang unterrichtenden KollegInnen empfahlen Titel, und eine Gruppe stellte daraus eine Vorschlagsliste für die Fachkonferenz Deutsch zusammen, die dort beschlossen und später immer wieder revidiert wurde. „Die Methode ist der Inhalt“ (Freinet) – und daher stehen auch die folgenden Bemerkungen zum Umgang mit der Klassenbibliothek unter dem Stichwort „Inhaltliches“!

Jede Klasse entwickelt am besten ihr eigenes Ordnungs- und Ausleihsystem. Manche Kinder haben bereits Erfahrungen mit Bibliotheken gemacht und können sie weitergeben. Auch die Ausleihe sollte von den SchülerInnen selbst durchgeführt werden. Hierfür sind feste Zeiten notwendig, beispielsweise (bei offenem Unterrichtsbeginn) die ersten fünf Minuten jeder ersten Stunde oder Teile von Freiarbeitsstunden.

Soll die ständig anregende Präsenz von Büchern voll wirksam werden, muß möglichst täglich die Möglichkeit zum Lesen bestehen, am besten in der Freiarbeit, am zweitbesten in den Pausen (hier insbes. i. d. Mittagspause an Ganztagsschulen). Freies Lesen nach spontanem Gusto und gezielte, planvolle Arbeit mit Büchern sind gleich wertvoll – jede / r sollte beides praktizieren.

Zu Beginn der Nutzung einer Klassenbibliothek sollten bestimmte Fertigkeiten wiederholt oder neu erworben werden: der sichere Umgang mit dem Alphabet (durch Spiele und gezielte Übungen), mit der Systematik, incl. ordentliches Zurückstellen der Bücher an ihren Platz, evtl. auch die Informationsentnahme, korrektes Zitieren (zunächst nach vereinfachten Regeln) usw. Da die Fähigkeiten der SchülerInnen in diesem Bereich breit streuen, ist es geboten, methodisch und inhaltlich differenzierte Lernangebote zu machen. Gegenseitige Hilfestellung kann in diesem Kontext hervorragend geübt werden und ergibt sich in Klassen, in denen soziales Lernen den notwendigen Stellenwert hat, meist von selbst. –

Hier nun noch einige praktische Tips in Bild und Wort:

a) Ein Teil der Bücher – insbesondere neue – sollte auf einem schrägen Auslagebrett präsentiert werden können, die anregende Wirkung ist ungleich höher. Auch selbstgebastelte schräge Buchstützen sind denkbar (→ Technikunterricht!).

b) Zwei verschiedenfarbige Ausleihkarten erfüllen unterschiedliche Zwecke: Die eine ist personenbezogen und zeigt jedem Kind auch dem / der LehrerIn, welche und wie viele Bücher es sich ausgeliehen

a)
b)
Ausleihkarte für Tatjana Moll
Titel
Rückgabe bis
Die wilde Tante
16.5.1993
verl. bis 22.5.
Mein Mohrchen
17.6.1993
Ausleihkarte
AutorIn: Hanna Luxem
Titel : Kinder machen Umweltpolitik
Nr. : Öko 43
c)
Meine Leseempfehlung:
Leseecke – pssst!
d)
Klabi – Ausleihzeiten:
FA-Stunde
(10 Minuten)
Mittagspause
e)
Arbeitsplan:
2x pro Woche in der Tischgruppe für den Lesewettbewerb üben, besonders beachten:
f)
Übungen zum Alfabet
Welches Wort
Die Systematik
nserer Klassenbibliothek
nter welcher Sachgruppe
rdet ihr die folgenden
chtitel einsortieren:
om Leben der Insekten
Mars
Am Anf
Die Urw
Eiszeit in Europ
Der Wald als Lebensraum
Physik im Alltag
des Waldes
Kinder in der 3. Welt
Wasser
Regenwald
Frühgeschichte
Rechtschreibprobleme
Lösungen: b.w.!

hat. Auf der zweiten Karten, die zum jeweiligen Buch gehört ist vermerkt, wie viele BenutzerInnen es hatte.

c) Zur Klassenbibliothek gehört eine Leseecke, damit sich Lesekultur auf angenehme Weise entfalten kann. Hier ist auch Platz für ein Plakat mit selbstformulierten Leseempfehlungen („Mein Lieblingsbuch“ oder „Lesenswertes in unserer Klabi“).

d) Der Ausleihdienst wechselt, beispielsweise vierteljährlich, je zwei Kinder sollten zuständig sein.

e) und f) In einer Unterrichtseinheit mit dem methodischen Schwerpunkt „Lesen“ (oder allgemeiner „Umgang mit Büchern“) sollten verschiedene Aktivitäten rund um die Klassenbibliothek angeregt werden. Ein „Leseratten-Wettbewerb“ kann den roten Faden bilden, verschiedene Übungen zum Umgang mit der Bibliothek erleichtern besonders den „schriftfernen“ Kindern den Zugang.

Welche Bücher sollten in der Klabi stehen?
Einige Beispiele für die Jahrgangsstufen 5 / 6

1. Belletristik

P. Härtling, Ben liebt Anna
M. v.. Grün, Vorstadtkrokodile
H. P. Richer, Damals war es Friedrich
M. Große-Oetringhaus, Manuel, der Schuhputzerjunge
I. Kanstein, Der soll zu uns gehören?
R. Herrmann, Wir sind doch nicht vom Mond
J. C. George, Julie von den Wölfen
M. Ende, Das Schnurpsenbuch
u. a.; die Auswahlliste für den Jugendbuchpreis und weitere kommentierte Vorschlagslisten, die über Buchhandel und öffentliche Bibliotheken zu beziehen sind, geben reiche Anregungen. Einige Kinderromane lassen sich gut in Unterrichtseinheiten speziell des Lernbereichs Gesellschaftslehre einbeziehen: Die „Vorstadtkrokodile“ dort, wo es um Behinderte geht, „Julie von den Wölfen“ handelt vom Leben in der Arktis, „Manuel . . .“ führt in die 3. Welt-Problematik ein usw. Zum letztgenannten Themenbereich gibt es übrigens viele ausgezeichnete und kommentierte Buchtips von terre des hommes!

2. Sachbücher

Hier ist die Tessloff-Reihe „Was ist was?" mit ihren vielen Bänden insbesondere zu historischen und technisch-naturwissenschaftlichen Fachgebieten hervorzuheben, Themen z. B.: Der Urmensch, Die Eiszeit, Chemie, Die Zeit. Mittlerweile gibt es etliche vergleichbare Fachbuchreihen. Empfehlenswert sind weiterhin einige in jüngster Zeit herausgekommene Sachbücher mit Umweltthemen: I. Greisenegger u. a., Umweltspürnasen Aktivbuch Wald und dies., Umweltspürnasen Aktivbuch Wasser

Das große Umweltbuch für Kinder

F. Cherrier, Im Grünen.

Auch verschiedene, z. T. speziell für die Freiarbeit entwickelte Materialien vom „Verlag an der Ruhr", von der „Pädagogik-Kooperative", Bremen, von „pad" und „Kaleidoskop" sind eine Bereicherung für die Klassenbibliothek.

3. Nachschlagewerke

Neben Schülerduden (z. B. zur Rechtschreibung) und Fremdwörterlexikon können Bestimmungsbücher, Bände aus der technisch-naturwissenschaftlichen Reihe „Wie funktioniert das?" u. ä. in die Klabi integriert werden.

4. Zeitschriften, Broschüren und Infoschriften

Meist umsonst und sehr aktuell: Informationen von Behörden und Verbänden wie z. B. Greenpeace, Robin Wood, dem World Wildlife Fund, terre des hommes oder Verbraucherberatungen; Infos von der kommunalen Gleichstellungsstelle oder von der Umweltberatung. Sehr empfehlenswert: die Jugendzeitschrift „klick" (Bremen). Statt in die Altpapiersammlung können z. B. alte „Natur-" oder „Geo"-Zeitschriften in die Schule mitgebracht werden.

Barbara Schlotmann:

Autorenlesung in der Schule

Die Aula liegt im Halbdunkel. Kerzen flackern. Ein Samowar summt. Es duftet nach Gebäck. Auf einem Podest liegen Teppiche und Kissen ausgebreitet. Im Hintergrund, der schon nicht mehr genau auszumachen ist, steht eine Art Yurte (Nomadenzelt) aus schweren Vorhangtüchern aufgebaut. An die 60 Kinder, ältere und jüngere Schüler und Schülerinnen sitzen im Halbrund um das Podest und warten gespannt. Der Teekessel zischt inzwischen leise vor sich hin. Dann - fast unbemerkt - kommt Rafik Schami herein und beginnt zu erzählen, wie er zum Erzählen gekommen ist; damals als Junge noch - in Damaskus, seiner Geburtsstadt. Jahre hindurch hatte er - heimlich - die Fortsetzungen von 1001 Nacht spät abends im Radio gehört. Als er schließlich dabei erwischt wurde und das späte Aufbleiben verboten wurde, fing er selbst an zu schreiben. Das erste Märchen an diesem Abend? Niemand will es so genau wissen. Die Kinder sind durch den Erzähler und die Atmosphäre so in Bann geschlagen, daß man buchstäblich die berühmte Nadel fallen hören könnte. Der Autor erzählt nach orientalischer Art Geschichten, die wieder neue Geschichten zeugen und entläßt seine jungen Zuhörer mit einer Geschichte, deren Ende er selbst noch sucht. Der Nachmittag klingt mit Tee und Gebäck aus, das die Schüler nun, auf dem Teppich sitzend, verzehren. Ein Märchen?

Keinesfalls. Autoren, die zu Schülern kommen, um ihnen die Begegnung mit Literatur - sozusagen aus erster Hand - zu ermöglichen, gibt es heute immer häufiger. Man muß sie nur zu finden wissen. Eine Hilfe dabei ist neben der örtlichen Bibliothek ein Verzeichnis von fast 250 Schriftstellern, das alle zunächst erforderlichen Auskünfte zu Person und Bibliografien der einzelnen Autoren enthält. Und doch sind viele Fragen zu klären, wenn Schüler und Schülerinnen einen Autor in die Schule einladen wollen.

Erstens und vor allem: Können wir uns das denn leisten, was kostet so ein Dichter? *Zweitens,* wen wollen wir denn einladen? *Drittens,* wann ist der geeignete Zeitpunkt im Schuljahr? Innerhalb oder außerhalb der Unterrichtszeit? *Viertens,* wo soll die Veranstaltung stattfinden? In

der Aula, in einem Klassenraum? *Fünftens,* wie können wir uns vorbereiten? *Sechstens,* sollen wir die Eltern und Bekannten auch einladen, evtl. zu einem zusätzlichen Termin?
Die eingehende Beschäftigung mit diesen Fragen trägt zum Erfolg einer solchen Veranstaltung entscheidend bei. Einige Antworten sollen schon an dieser Stelle anregen und helfen, einen Autorenbesuch in der Schule zu planen.
Zunächst aber erstmal die Frage, die noch gar nicht gestellt wurde: Warum soll man denn einen Autor in die Schule einladen? Erfahrungen mit Autorenlesungen belegen: Schüler/innen gewinnen einen konkreten Bezug zu einem Werk, zu Büchern überhaupt, wenn sie einen lebendigen Kontakt zu einem Schriftsteller erfahren. Sie werfen sozusagen einen Blick hinter die Kulissen eines Buches. Sie lernen etwas über die Entstehung eines Textes, über die Arbeitsweise des Autors. Sie erhalten möglicherweise neue Interpretationen von schon bekannten Texten, eine Variante, die sie nicht "mitgelesen" hatten. Es bleibt eine Botschaft zurück. Ein Autor gewährt Einblick in seine "Werkstatt". Die Schüler erkennen, daß Schreiben auch für einen Schriftsteller mit Mühen, mit Recherchen, wohl auch mit Rückschlägen verbunden sein kann. Schreiben will gelernt sein. Eine Erkenntnis, die sich beim Lesen nicht so ohne weiteres einstellt, und die wiederum die Schüler zum handelnden Umgang mit Texten motivieren kann. Viele Autoren bezeichnen ihre Besuche in Schulen denn auch lieber als Werkstattgespräche denn als Dichterlesung.
Nun zu den aufgeworfenen Fragen:
1. Ja, eine Schule (Klasse) kann sich einen Dichter leisten. Es gibt Zuschüsse zu solchen Veranstaltungen von verschiedenen Stellen, z.B. dem Kulturamt der Stadt.
2. Die Frage, welchen Schriftsteller man einladen möchte, hängt zum einen von inhaltlichen Voraussetzungen ab, zum anderen von der Verfügbarkeit. Sicherlich werden Schüler/innen einen Autor kennenlernen wollen, von dem sie schon etwas gelesen haben, zu dem schon eine Beziehung besteht. Aber auch zum Bekanntmachen mit einem ganz neuen Literaturtyp - z.B. Lyrik - ist es denkbar, mit einer Autorenlesung einzusteigen.
3. Die Frage der zeitlichen Festlegung läßt sich generell kaum beantworten. In der Regel wird es in Schulen günstige Zeiten und weniger günstige Zeitpunkte im Laufe eines Schuljahres geben. Gefragte Auto-

ren haben jedoch volle Terminkalender, und so muß man sich oft arrangieren. Eine derartige Veranstaltung läßt sich aber auch in eine Projektwoche oder -phase integrieren. Frühzeitige Planung und Absprachen mit den vermittelnden Institutionen sind in jedem Fall angebracht. Ob man nun eine Lesung mit Diskussion in die Unterrichtszeit einplant oder auf den Nachmittag legt, ist ebenfalls von äußeren Gegebenheiten (Öffnung von Schule) und integrativen Zielen (Lesung als eine Form handelnden Umgangs mit Texten, sprachlichen Handelns) abhängig und hier nicht abschließend zu beantworten.

4. Die Überlegungen zum Ort der Veranstaltung: eher großer Raum mit Gestaltungsmöglichkeiten (z.B. die Begegnung mit Rafik Schami) oder kleiner, aber vertrauter Klassenraum, hängen schließlich davon ab, welchen Rahmen Schüler und Lehrer/innen einer solchen Veranstaltung geben wollen.

5. Zur Vorbereitung gehören viele Dinge. Die Organisation: schriftliche Anfrage bei den Vermittlern nach einem bestimmten Autor. Einladungsschreiben durch die Schüler/innen. Genaue zeitliche und räumliche Abmachungen. Soll es einen Rahmen geben? Getränke? Etwas zu essen? Soll gar gebacken werden, muß dies den Beteiligten (Eltern und Schülern) rechtzeitig angetragen werden. Eine Veranstaltung, die der persönlichen Begegnung mit einem Autor Rechnung trägt durch eine Atmosphäre, die sich deutlich vom Unterricht abhebt, hat erfahrungsgemäß gute Chancen, bei den Schüler/innen in positiver Erinnerung zu bleiben. Dies wiederum trägt Früchte für den Unterricht. Eine Binsenwahrheit, wenn man darüber nachdenkt, die aber häufig übersehen wird. Inhaltlich wird man sich im Deutschunterricht und im muttersprachlichen Ergänzungsunterricht - wenn es sich wie bei dem eingangs beschriebenen Autor um zweisprachige Bücher handelt - um eine Einführung bemühen. Hierzu kann die Stadt(teil)bibliothek auf Anfrage eine Bücherkiste beisteuern.

6. Die Frage, ob man zu einer Autorenlesung auch Eltern einlädt oder sie für andere Interessierte öffnet (z.B. im Rahmen eines Schulfestes) beantwortet sich nach den jeweiligen Gegebenheiten und Zielsetzungen. Als Veranstaltung des Deutschunterrichts kann eine solche Erweiterung, die Eltern einbezieht, eindeutig positive Wirkungen haben: Die Einsicht in den Wert des Lesens verstärken, Einblick in den Deutschunterricht und seine Anliegen vermitteln usw. Eltern beteiligen heißt auch hier, Partner für den Unterricht gewinnen.

Praktische Hinweise zur Leseförderung und zur Organisation von Autorenlesungen:

Reichhaltiges Material zur Anregung von Lesen durch Projekte gibt es von der STIFTUNG LESEN, Raimundistr. 2, 6500 Mainz

Vier Titel, die hilfreich sein können, sollen hier Erwähnung finden:
1. Lesen - Grundlagen, Ideen, Modelle zur Leseförderung 2. Auflage 1990, Loseblattsammlung im Kunststoffordner, 258 S., DM 28,50
2. Buch und Lesen in der Kindheit - ein kommentiertes Verzeichnis ausgewählter Projekte und Literatur (u.a. mit einer Auswahl schulbezogener Maßnahmen)
3. Autoren lesen vor Schülern - Autoren sprechen mit Schülern. Autorenverzeichnis des Bundesverbandes der Friedrich-Bödecker-Kreise e.V. (mit Biografie und Bibliografie sowie Bedingungen für Einladungen von 240 Autoren). Diese Schrift kann, wie die beiden ersten, ebenfalls bei der Stiftung Lesen bezogen werden, oder über den Landesverband Nordrhein-Westfalen der Friedrich-Bödecker-Kreise e.V., p.A. Frau Renate Just, Jahnstr. 6, 5000 Köln 40, Tel. 02234/47583. An sie sind auch Einladungswünsche zu richten.
4. Landesinstitut für Schule und Weiterbildung NW (Hg.): Autorenlesungen in Schulen, Soest 1990 (Soester Verlagskontor, Jakobistr. 46, 4770 Soest)

"Lesetagebuch"

Eine gute Möglichkeit, Schülerinnen und Schüler zur bewußten Lektüre, zur eigenständigen Auseinandersetzung mit literarischen Texten und zur selbständigen Arbeit am Text hinzuführen, produktiven und kreativen Umgang mit Texten zu fördern, ist das "Lesetagebuch".

Die Idee stammt von Liselotte Langemack:
"Formal gesehen, ist das Lesetagebuch ein einfaches Schulheft im DIN-A 5-Format, das jeder Schüler einer Lerngruppe, begleitend zur Buchlektüre, führt und in das er fortlaufend seine persönlichen Leseeindrücke notiert oder auch zeichnet."
(Liselotte Langemack, Das Lesetagebuch, in: "Pädagogik", Heft 3/89, Beltz Verlag.)

Natürlich kann ein Lesetagebuch auch aus einzelnen Blättern bestehen, die nach Abschluß der Arbeit an der Lektüre zu einem persönlichen "Buch über das Buch" zusammengeheftet werden.
Ein "Tagebuch" als ständiger Begleiter der Lektüre fördert die intensive Auseinandersetzung mit dem Buch, es macht zudem den Erwerb und die Weiterentwicklung von wichtigen Arbeitstechniken erforderlich:
- Ein Titelblatt muß gestaltet,
- ein Inhaltsverzeichnis angelegt werden.
- Die Seiten des Tagebuches müssen numeriert und datiert werden,
- farbige Markierungen, Unterstreichungen, Hervorhebungen mit großer Schrift usw. gliedern,
- geeignete Illustra tionen lockern auf und ergänzen den Text.
- Zitieren wird gelernt, das Zusammenfassen von Inhalten, die Gliederung eines Textes u.a.m.

Beim Führen eines Lesetagebuches kommt es darauf an,
- daß zu jedem Kapitel des Buches geschrieben oder gezeichnet wird,
- daß die Überschrift des jeweiligen Kapitels am Anfang jedes neuen Beitrages im Tagebuch steht,

- daß Zitate (mit Farbe, durch Druckschrift, maschinegeschrieben oder eingerückt) besonders gekennzeichnet und mit der Seitenangabe versehen werden.

Was Schülerinnen und Schüler in ihr Lesetagebuch eintragen, dazu können Lehrerinnen und Lehrer Anregungen geben. Die Entscheidung allerdings liegt bei den Schülern: Das Lesetagebuch ist Ort der intensiven, individuellen Auseinandersetzung mit einem Text!

Schülerinnen und Schüler können:
- Textstellen, die ihnen besonders wichtig sind, die ihnen gefallen, die sie kritisieren möchten, abschreiben und dazu Stellung nehmen,
- Personen und Situationen aus dem Buch zeichnen und dazu schreiben,
- auf Textstellen kommentierend, nach- oder weitererzählend oder verfremdend reagieren,
- ihre Meinung zu einzelnen Geschehnissen, Situationen oder zum gesamten Text aufschreiben,
- Bildergeschichten zu Teilen des Textes zeichnen,
- überhaupt Bilder malen oder Collagen anfertigen.

Nach der Lektüre besitzt jede Schülerin und jeder Schüler ein sichtbares, persönliches Ergebnis seiner Auseinandersetzung mit dem Buch. Solche Produkte haben eine große Bedeutung für die weitere Entwicklung der Lesemotivation.

Liselotte Langemack:
"Außerdem kann das Lesetagebuch von den Schülern als Grundlage für Diskussionen, weiterführende Gruppenarbeit oder sonstige Arbeiten, die geeignet sind, das Textverständnis zu vertiefen, verwendet werden." (ebenda)

Die lesende Schulklasse

Ulrich Hecker / Trudi Schutte

Die lesende Schulklasse

Zur Unterrichtsplanung

Im folgenden dokumentieren wir Planungen, die mit den Schülerinnen und Schüler und Schülern gemeinsam erfolgt sind.

Sowohl in den Grundschulklassen, als auch in den Sekundarstufenklassen, die dieses Projekt durchführten, wurde die Unterrichtsplanung mit der Klasse gemeinsam vorgenommen.

Dazu galt als feste „Institution" die *Klassenversammlung:* Eine feste Stunde in der Woche diente der Vorbereitung und Planung der bevorstehenden Arbeit am Thema „Bücher", dann der Organisation und Durchführung dieser Arbeit. Die Klassenversammlung hat eine wichtige Funktion bei der kooperativen Organisation des Unterrichts.

Das Resultat der ersten gemeinsamen „Planungsversammlung" ergab ein *„Inhaltsverzeichnis"*, das im Anschluß an die gemeinsamen Vereinbarungen die LehrerInnen für ihre SchülerInnen erstellten.

Dieser – hier passend zum Thema „Inhaltsverzeichnis" genannte – Arbeitsplan orientiert die Arbeit der Schülerinnen und Schüler. Das „Inhaltsverzeichnis" ist also ein Arbeitsplan, der alle Arbeiten enthält, die jeder Schüler und jede Schülerin im Verlaufe der gemeinsam festgelegten Beschäftigung mit dem Thema erledigen muß, soll oder kann (Pflicht- und Wahlaufgaben, Anregungen für weitergehende Beschäftigung mit dem Thema, z. B. in Form von „Forschungsaufträgen").

Auf dem „Inhaltsverzeichnis" können die Schüler erledigte Arbeiten eintragen und so ihre Arbeitsfortschritte selbst kontrollieren. Wann sie dann welche Arbeit mchen, ist ihnen freigestellt.

Im Laufe der Einübung in freiere Arbeitsformen können die SchülerInnen aufgefordert werden, sich selbst ein Inhaltsverzeichnis für ihre individuelle Dokumentation der Unterrichtsergebnisse anzufertigen.

Dann würde ein Poster im Klassenraum genügen, das die gemeinsame Arbeitsplanung und die vereinbarten Arbeitsergebnisse festhält, die SchülerInnen würden dies in eigene Arbeiten und Produkte umsetzen.

Arbeits-Blätter:
„Rohstoff" für die möglichst selbständige Auseinandersetzung mit einem Thema sind „Arbeits-Blätter": eine Reihe fotokopierter Blätter, die SchülerInnen helfen, eigene Arbeitsprodukte herzustellen und zu gestalten (bei unserem Thema sinnvollerweise ein „Buch über Bücher"). Es handelt sich also um „Arbeits-Blätter" im Wortsinn, um Blätter zum Arbeiten: ein offenes Angebot von Materialien (Illustrationen, Bilder, Tabellen, Tips und Hinweise, Zitate usw.), bei dem die SchülerInnen selbst entscheiden, was und wie sie es verwenden.

Grundlagen und Anregungen für ein solches – zur weiteren Arbeit anregendes – Materialpaket bieten die „Materialien" zu den einzelnen Projektbausteinen, die im folgenden dokumentiert sind. (Die einzelnen Blätter können leicht auf DIN A 4 vergrößert werden, dann sind sie unmittelbar verwendbar. Sie können aber ebenso leicht auf die konkrete Klassensituation hin verändert werden.)

Anmerkungen:

* Wir danken Reinhard Böhm und Henny Küppers für die Zusammenarbeit und die Anregungen und Ideen, die sie eingebracht haben.

* Die hier skizzierte Arbeitsweise ist ausführlich dargestellt in:
Ulrich Hecker, Freie Arbeit – Schritt für Schritt und
Ulrich Hecker (Hg.), Praxismappe Freiarbeit. Band I, beide Titel erschienen im Verlag an der Ruhr, Delle 47, 4330 Mülheim / Ruhr.

* Konkrete Anregungen und Hilfen zur Arbeits- und Unterrichtsplanung im handlungsbezogenen Deutschunterricht bietet:
Horst Bartnitzky, Unterrichtsplanung – Arbeitspläne, in: Bartnitzky / Hecker (Hg.), Deutsch-Werkstatt, Verlag Neue Deutsche Schule, Essen 1991, S 299 ff.

Planung in einer 6. Klasse

INHALTS-VERZEICHNIS

Name:

Fach: DEUTSCH

Nr.:	Thema:	erledigt am:
1	Deckblatt "Bücher"	
2	"Ich und die Bücher" (Text)	
3	Die Teile eines Buches (Bild, Fragen, Antworten)	
4	"Kennst Du Deine Bücherei?" (Arbeitsblatt)	
5	"Gebrauchsanweisung" für die Bücherei (Text)	
6	Bericht "Besuch in der Bücherei"	
7	Bücherbericht (ein Buch genauer vorstellen)	
8	Leseprobe (schriftlicher Auszug aus diesem Buch)	
9	"Lieblingsbücher"	
10	"Lesen" - "Buchstabe" - "Buch"	

B Ü C H E R W Ü R M E R & L E S E R A T T E N

Erraten: In der nächsten Zeit geht es im Deutschunterricht um das Thema "Bücher". Auch in unserem nächsten Diktat und im nächsten Aufsatz geht es um Bücher. Aber keine Angst: Auch, wer (noch?) nicht gern Bücher liest, kann locker alles schaffen!

Damit Ihr genau wißt, welche Aufgaben Ihr in der kommenden Zeit lösen müßt, habe ich Euch das alles genau aufgeschrieben. Wenn Ihr eine Aufgabe erledigt habt, dann hakt die Aufgabe auf diesem Blatt ab (also so: ✓). Und tragt in Euer Inhaltsverzeichnis in der Abteilung Deutsch ein, was Ihr dort einheftet. Kontrolliert Eure Arbeit selbst!
So. Und jetzt an die Arbeit. (Hoffentlich macht es auch ein wenig Spaß.) Wer zusätzliche Ideen hat: Sagt mir Bescheid!

- DIE TEILE EINES BUCHES
  - Beschreibe die einzelnen Teile eines Buches und zeichne ein Bild dazu!
  - Beantworte die Fragen 1 - 7 des Arbeitsblatts!

- DIE BÜCHEREI
  - Fülle das Arbeitsblatt aus!
  - Schreibe einen Text über den Besuch in der Bücherei!
  - Schreibe eine "Gebrauchsanweisung" für Leute, die sich in der Bücherei überhaupt nicht auskennen!
- BUCHEMPFEHLUNGEN
  - Wähle ein Buch aus, das Du Deinen Klassenkamerad(inn)en empfehlen willst.
  - Schreibe für dieses Buch alle wichtigen Angaben heraus (siehe "Teile ...")!
  - Schreibe aus dem Buch eine "Leseprobe" heraus!
  - Suche eine Textstelle heraus, die Du bei der "Vorlesestunde" vorlesen möchtest, um das Buch vorzustellen. Übe das Vorlesen bitte!
  - Schreibe zu Deinem Buch einen "Bücherbericht"!
- LIEBLINGSBÜCHER
  - Schreibe auf, ob Du gerne Bücher liest oder nicht. Versuche zu begründen, warum Du gern oder nicht gern liest. Schreibe diesen Text auf ein Blatt mit der Überschrift "Ich und die Bücher"
  - Frage drei Personen (Eltern, Geschwister, Freundin, Freund, Tante, Oma, Opa, Lehrerin, Lehrer ...) nach ihrem Lieblingsbuch. Schreibe den Autor (Schriftsteller) und den Titel des Buches auf. Frage, warum ausgerechnet dieses Buch zum "Lieblingsbuch" geworden ist.
  - Versuche, über eines dieser drei "Lieblingsbücher" etwas zu erfahren (z.B. wann es geschrieben wurde, was drinsteht, worum es geht, ...)! Schreibe auf, was Du herausgefunden hast!
- FORSCHUNGSAUFGABE
  - Versuche herauszubekommen, woher die Wörter "Lesen", "Buchstabe" und "Buch" kommen und was sie früher eigentlich bedeutet haben. Schreibe kurz auf, was Du herausbekommen hast!

Bausteine für den Unterricht

Nach den Anregungen für die Unterrichtsplanung finden Sie im folgenden Materialien für den Unterricht. Mit diesem „Baukasten" können Sie mit Ihrer Klasse und gemäß Ihrer konkreten Bedingungen das Projekt „Bücher" planen.

Die meister dieser Bausteine finden Sie in den Planungsskizzen wieder.

Bausteine eines Projekts „Bücher"

- SchülerInnen lesen vorab ein Buch bzw. bringen ein gelesenes „Lieblingsbuch" mit in die Klasse
- Kinder stellen ihr Buch im Sitzkreis vor
- **M 1**
  Gedicht von G. Kunert lesen, evtl. auswendig lernen, evtl. als Gemeinschaftsarbeit auf große Papierbögen farbig und groß für den Klassenraum (Treppenhaus, Pausenhalle) abschreiben.
- Büchereibesuch vorbereiten: Fragen sammeln / ordnen
- **M 2**
  Büchereibesuch: Mitglied werden, Lesekarten, Bücher ausleihen, Benutzungsordnung kennenlernen, evtl. Vereinbarung über monatliche „Bücherkiste" für die Klasse treffen
- **M 3**
  Bücherrätsel machen: Kinder erarbeiten Fragen zu bekannten Kinder- und Jugendbüchern, schreiben sie auf, lassen raten, organisieren Preisrätsel
- **M 4**
  „Wie ein Buch aussieht": Die „Bestandteile" eines Buches
- Klappentexte / Waschzettel von Büchern vorlesen lassen und besprechen, ggf. selbst verfassen
- **M 5**
  Textimpuls „Du hast ein Buch geschrieben", entstandene Arbeiten aushängen / ausstellen

- „Büchertip von . . .“ schreiben und an „Bücherbrett“ aushängen, „Buchtips“ für Klassen- / Schülerzeitung verfassen.
  Vorgegebenes Muster z. B.:
  „Buchtip von . . .
  AutorIn: . . .
  Titel: . . .
  Davon handelt das Buch: . . .
  Meine Meinung zu diesem Buch: . . .“

- „Neuerscheinungen“:
  – Frage: „Wie kannst Du neue Bücher kennenlernen?“
  – Auftrag:
    „Besorge in einer Buchhandlung Prospekte über Kinder- und Jugendbücher!
    Wähle drei neue Titel, die Dich interessieren, aus!
    Laß Dir die Bücher zeigen!
    Gestalte dazu eine Seite für Dein Bücher-Buch!“

- **M 6**
  „Wie ein Buch entsteht“: Seiten kopieren (ggf. auf A 4 vergrößern), Texte den Bildern zuordnen lassen, aufkleben. Ggf. Bilder vergrößern und mit umfangreicheren erklärenden Texten zu einer Wandzeitung / Ausstellung zusammenstellen.

- **M 7**
  „Lesen“ / „Buchstabe“ / „Buch“: Schülerinnen und Schüler lernen die ursprüngliche Bedeutung dieser Wörter kennen. Unsere Beispiele sind von SchülerInnen zusammengefaßte Texte anhand eines etymologischen Wörterbuchs und verschiedener Lexika. Gut geeignet ein (freiwilliger) Forschungsauftrag, die Begriffsinhalte und -entwicklung selbst (in der Bücherei) herauszufinden und für die Klasse aufzuschreiben (nachher für alle kopieren).

- Diskussion „Pro und Contra: Bücher – Filme und Cassetten“

- Slogans erfinden und grafisch gestalten (z. B. im Zusammenhang mit der Werbung für einen Vorlesewettbewerb, eine Autorenlesung, eine Buchausstellung o. ä.
  Vorgegebene Textanfänge z. B.:

„Lesen ist wie . . .“
„Das Gute an Büchern ist, . . .“

- Einen Elternnachmittag mit Schülerbeiträgen/-ergebnissen zum Thema gestalten

Produkt: „Mein Buch über Bücher“

gemeinsam festgesetzter (Mindest-)Inhalt eines „Bücherbuches“ in einer 5. Klasse:

- gestaltete Titelseite mit Namen des/der AutorIn und Titel: „Mein Buch über Bücher“
- Gedichtblatt (z. B. gestaltete Abschrift des Kunert-Gedichts)
- Autoren-ABC (z. B. mit Hilfe des Bücherrätsels)
- Mein Buchtip
  (nach dem besprochenen Schema:
  – AutorIn:
  – Titel:
  – Seiten:
  – Verlag:
  – Davon handelt das Buch:
  – So finde ich das Buch:
  evtl. kann das Titelbild nachgestaltet werden)
- hinzu kommen alle weiteren „Bücherblätter“, die im Verlauf der Arbeit hergestellt wurden, wenn möglich weiter ausgestaltet

M 1 *Günter Kunert:*

Bücherlesen

Bücherlesen ist vonnöten,
soll euch nicht die Dummheit töten:
wer nicht gerne Bücher liest,
ist für mich ein blödes Biest!

Bücherlesen, liebe Leute,
nicht erst morgen, sondern heute!
Heute gilt's den Kopf zu füllen,
daß nicht laut vor Lachen brüllen

alle Affen gar im Zoo
über euren Kopf voll Stroh:
Stroh soll raus und Wissen rein,
das gilt nicht für euch allein,

sondern klar für jedermann,
der das Alphabet schon kann.
Ohne Bücher seid ihr Tröpfe,
sogar Holz- und Wasserköpfe!

Nur durch Bücher wissen wir:
Wozu gibt es Menschen hier?!
Denn kein Schaf gibt euch Bescheid,
keine Katze ist bereit,

Menschenkinder zu belehren,
die nicht auf die Bücher hören!
Hühner, Enten, Spatzen, Spechte
wissen leider nicht das Rechte,

was für Menschen wichtig wär.
Also: nehmt die Bücher her,
lest und werdet bald gescheit,
daß ihr einst die Klügern seid.

aus: Günter Kunert: ICH DU ER SIE ES. Gedichte, Ravensburg (Otto Maier Verlag) 1988, S. 35 (Reihe „RTB Gedichte")

M 2

Kennst Du deine Bücherei?

Wo ist die nächste Bücherei?

Straße: ____________________

Ort: ____________________

Wann hat die Bücherei geöffnet? Trage die Öffnungszeiten ein!

Montag	Dienstag	Mittwoch	Donnerstag	Freitag	Samstag

Mareike will ein Buch über Dinosaurier
und ein Abenteuerbuch ausleihen.
Wo findest Du diese Bücher in Deiner Bücherei?

1. ____________________
2. ____________________
3. ____________________

Welche Bücher möchtest Du Dir leihen? Schreibe auf:

Autor: ____________________ Autor: ____________________

Titel: ____________________ Titel: ____________________

Autor: ____________________ Autor: ____________________

Titel: ____________________ Titel: ____________________

M 3 Berufe „rund um das Buch“

Dieses Rätsel nennt lauter Berufe, die notwendig sind, damit ein Buch in den fett umrahmten Kästchen landet.

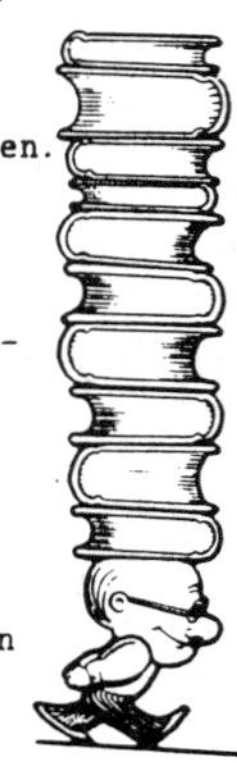

1. Er lagert die fertigen Bücher und schickt sie an die Buchhandlungen.
2. Er schreibt das Buch und schickt es an den Verlag.
3. Er bestellt die Bücher beim Auslieferungslager und verkauft sie an seine Kunden.
4. Er druckt mit einer Maschine den Text und die Bilder auf den Buchseiten.
5. Er macht Fotos.
6. Er ordnet und katalogisiert Bücher und gibt sie leihweise aus.
7. Er macht Zeichnungen und Bilder zum Buch.
8. Er entscheidet, ob das Buch hergestellt werden soll.
9. Er klebt oder heftet die Buchseiten zusammen, schneidet die Kanten und macht einen Umschlag um das Buch.
10. Er ordnet Schrift und Zeichnungen und berechnet den Umfang.
11. Er sucht die Fehler im Text und läßt sie vom Schriftsetzer verbessern.
12. Er setzt die einzelnen Buchstaben zusammen und macht einen Probedruck.
13. Er holt regelmäßig Bücher bei Nr. 6.
14. Er fertigt Zeichnungen.

M 3

A	T	B	K	F	F	D	B	B	N	N	A	I	I
B	I	B	L	I	O	T	H	E	K	A	R	I	N
P	T	L	A	Ö	T	O	O	S	A	U	B	U	H
E	E	P	P	O	O	T	Z	T	E	D	U	B	A
L	L	P	E	T	E	R	U	E	U	H	C	O	L
A	S	T	E	S	E	L	E	L	I	C	H	T	T
M	E	I	N	B	A	N	D	L	A	U	S	O	S
N	I	E	T	E	N	U	M	N	U	M	T	Ö	V
A	T	V	E	U	V	I	A	U	F	L	A	G	E
H	E	X	X	I	E	I	M	M	U	N	B	M	B
L	A	U	T	O	R	I	N	M	U	T	E	R	Z
K	N	A	U	F	F	R	E	E	H	R	E	N	E
B	A	N	D	R	A	V	E	R	L	A	G	E	I
M	O	E	R	A	S	U	N	T	E	I	O	P	C
L	K	J	U	R	S	T	U	N	S	I	C	H	H
B	U	E	C	H	E	R	E	I	E	N	B	I	N
R	I	C	K	E	R	Z	U	M	N	O	M	J	I
B	U	C	H	D	E	C	K	E	L	A	N	D	S

Hier sind viele Begriffe zum Thema Bücher versteckt.
Rahme sie ein!

M 3 Vorlage für ein Bücher-Preisrätsel (Figuren nennen, evtl. Buchtitel, Autoren etc.)

Illustriertes Bücherrätsel
Die AutorInnen und die Figuren ihrer Bücher sind: Astrid Lindgren: Pippi Langstrumpf; Karl May: Winnetou; Angela Sommer-Bodenburg: Der kleine Vampir; Heinrich Hoffmann: Der Struwwelpeter; Waldemar Bonsels: Die Biene Maja; Charles M. Schulz: Charly Brown; Gebrüder Grimm: Die Kinder- und Hausmärchen

M 3

DAS GROSSE BÜCHER-RÄTSEL

ZU GEWINNEN SIND NATÜRLICH:
BÜCHER, BÜCHER, BÜCHER ....

AUF DEM BILD SIEHST DU FIGUREN
AUS BEKANNTEN KINDERBÜCHERN.
SCHREIBE FÜNF FIGUREN AUF!

NENNE FÜNF KINDERBÜCHER,
IN DENEN DIE FIGUREN AUF DEM BILD
VORKOMMEN (AUTOR UND TITEL)!

M 3

(SchülerInnen erarbeiten Rätsel-Fragebogen)

Bücherrätsel „Wer bin ich?“

Name: ______________________ Klasse: ______________________

1. Ich bin jemand, der noch nicht zu einem großen Fest darf, weil ich noch zu jung bin. Ich habe ein kleines Haus und einen Raben.
   (Antwort: Die kleine Hexe)
2. Wir sind zwei und wohnen im Wald. Wir sind arm und unsere Mutter ist böse. Unsere Eltern ließen uns im Wald zurück, aber wir fanden doch den Weg heim.
   (Antwort: Hänsel und Gretel)
3. Ich sehe zwar wie ein Mensch aus, aber eigentlich bin ich kein richtiger Mensch. Tagsüber schlafe ich an einem Ort, vor dem sich die meisten Menschen gruseln. Ich bin noch ziemlich jung und verabscheue Milch.
   (Antwort: Rüdiger von Schlotterstein)
4. Ich lebe bei einem Mann, der Schreinermeister ist. Ich bin kein Mensch, sondern eine Art Wicht. Manchmal stelle ich Dinge an, die nicht in Ordnung sind.
   (Antwort: Pumuckl)
5. Ich habe zwei Freunde. Ein Pferd und einen Affen.
   (Antwort: Pippi Langstrumpf)
6. Ich bin ein Junge, bin gerade richtig dick und in den besten Jahren. Ich habe mein Haus hinter einem Schornstein und kann fliegen.
   (Antwort: Karlsson vom Dach)
7. Hallo, ich bin ein Meisterdetektiv. Ich habe noch einen Freund und eine Freundin, die sich gar nicht für Detektivgeschichten interessieren, aber sie geraten trotzdem immer wieder in ein spannendes Abenteuer. Wir können auch eine Geheimsprache pfeifen. Sie hat uns oft geholfen.
   (Antwort: Kalle Blomquist)
8. Ich lebe in Amerika. Mein Volk wird von den Weißen bedroht. Ein Bleichgesicht ist mein bester Freund. Er ist mein Blutsbruder. Er kann jeden Gegner mit der bloßen Faust niederstrecken.
   (Antwort: Winnetou)
9. . . .
10. . . .

M 4

Die Teile eines Buches (1)

Susanne hat sich in der Stadtbibliothek ein Buch ausgeliehen. Es ist ein Buch mit Gedichten. Es heißt „ICH DU ER SIE ES". Als Susanne nach Hause kam, legte sie das Buch auf ihr Bett. Dann ging sie in die Küche, um sich ein paar Kekse und ein Glas Milch zu holen.

Sie wollte es sich beim Lesen so richtig gemütlich machen. Als sie in ihr Zimmer kam, lagen viele Blätter verstreut am Boden. Susanne bekam einen riesigen Schreck. Was war passiert?

Susannes kleine Schwester hatte das Buch in seine einzelnen Teile zerlegt! Sie hielt noch ein Blatt in jeder Hand und strahlte Susanne an.

Susanne sammelte alle Blätter wieder ein und sortierte die Seiten nach den Seitenzahlen. Als alle Seiten richtig zusammengelegt waren, legte Susanne das Titelblatt obendrauf.

- Auf dem Buchdeckel und auf dem Titelblatt steht der Name des Autors, also des Schriftstellers oder der Schriftstellerin. Nenne den Namen!
- Auf dem Titelblatt steht, wie das Buch heißt. Nenne den Titel!
- Das Titelblatt sagt uns auch, welche Firma das Buch herausgibt. Wie heißt der Verlag?

Gleich machte sie sich wieder auf den Weg in die Bücherei. Sie wollte gleich über ihr Mißgeschick berichten. Vielleicht konnte das Buch ja wieder repariert werden.

RTB Gedichte

Günter Kunert

ICH DU
ER SIE ES

Ravensburger®

M 4

Die Teile eines Buches (2)

Tafelskizze:

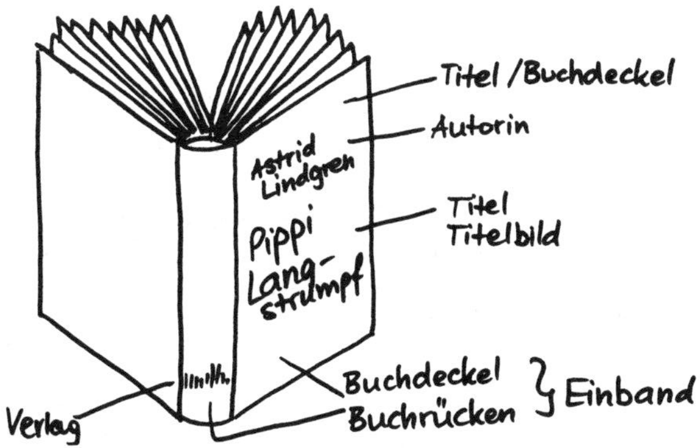

Skizze *so* anzeichnen, SchülerInnen übertragen das Schema *selbst* auf ein Blatt und tragen die Begriffe ein bzw. beschriften das „Buch" mit „echten" Angaben eines ihnen bekannten Buches.

Alternative:
SchülerInnen falten aus einem DIN A 4-Blatt einen Buchdeckel und beschriften / gestalten ihn „original" nach einer Buchvorlage eigener Wahl.

(Der gefaltete und gestaltete „Buchdeckel" kann dann mit der Rückseite auf ein weiteres Blatt geklebt werden und so auch einem entstehenden „Bücher-Buch" beigefügt werden.)

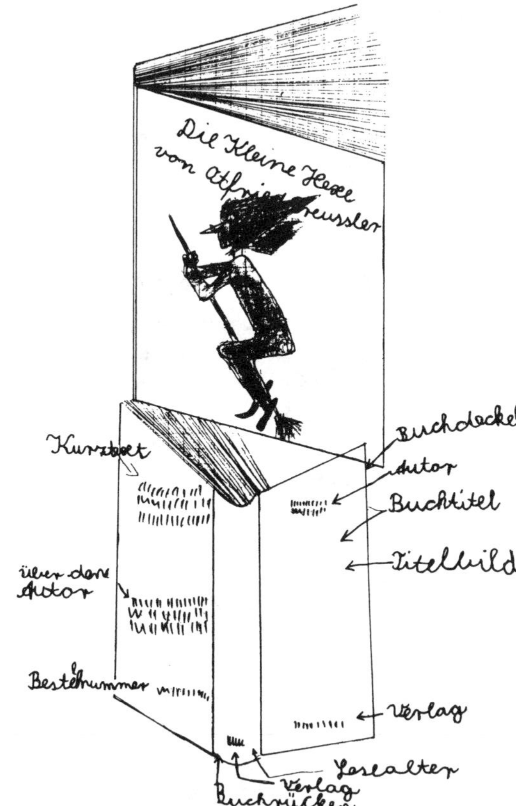

M 5

Du hast ein Buch geschrieben und gerade ist es von einem Verlag veröffentlicht worden.
Gestalte die Titelseite (das Deckblatt) des Buches!

Schreibe eine Beschreibung Deines Buches!

____

____

____

____

____

____

Schreibe auf einem neuen Blatt weiter!

M 6

M 6

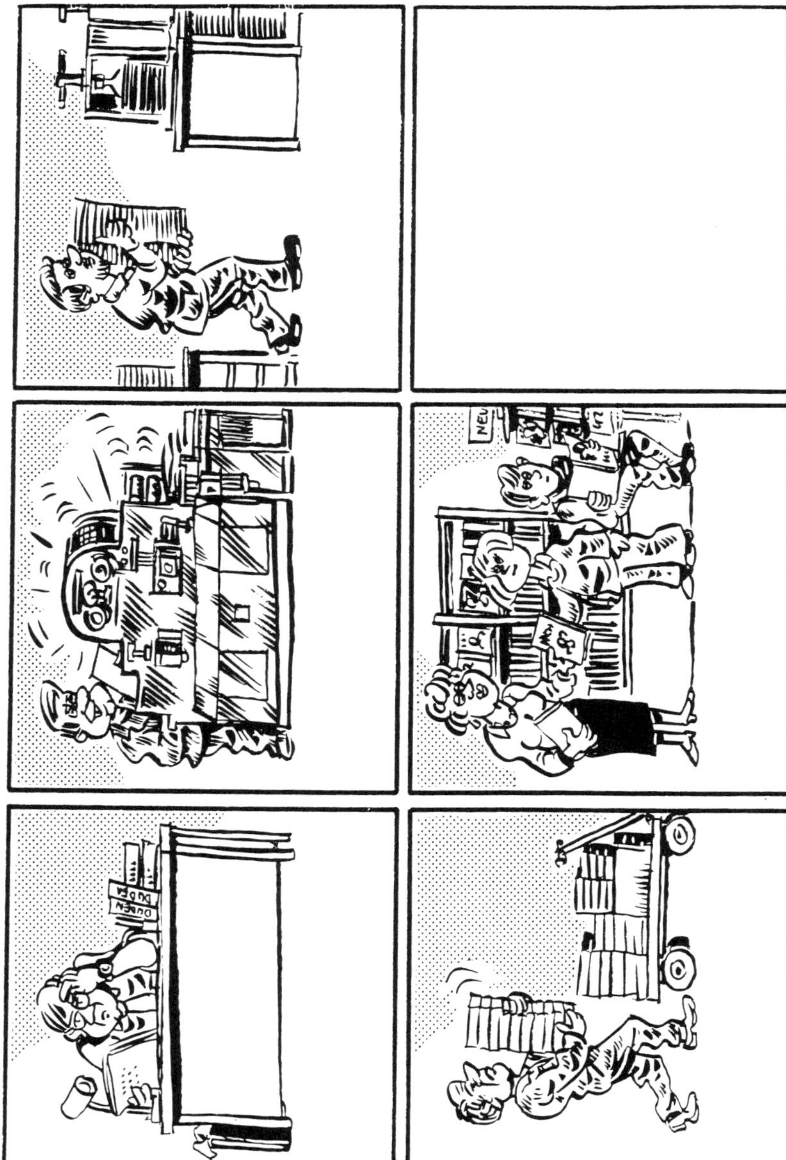

M 6

Der *Zeichner* (der *Illustrator)* zeichnet oder malt die Bilder (Illustrationen) für das Buch und gestaltet den Bucheinband.

Die *Leserin* kauft ein Buch in der Buchhandlung.

Die *Autorin* (die *Schriftstellerin)* schreibt das Buch und schickt ihr Manuskript an einen Verlag.

Der *Verleger* bestimmt, welche Bücher verlegt werden, das heißt, gedruckt werden und in den Buchhandlungen verkauft werden sollen.

Der *Hersteller* berechnet, wieviel Seiten das Buch haben wird, wie groß die Schrift sein soll, in der das Buch gedruckt wird, welchen Einband es bekommt.

Der *Schriftsetzer* setzt den Text aus einzelnen Buchstaben, mit der Hand oder mit der Setzmaschine. Das ist heute bei Büchern nur noch sehr selten.

Heute werden die meisten Texte auf dem *Computer* geschrieben, korrigiert und als Druckvorlage vorbereitet.

Der *Korrektor* verbessert die Fehler im gesetzten Manuskript. Er verhindert, daß Druckfehler im Buch vorkommen.

Die *Drucker* drucken den gesetzten Text mit großen Druckmaschinen auf große Papierrollen.

In der *Buchbinderei* werden die bedruckten Bogen gefaltet, geheftet und zusammengeklebt. Hier wird auch der Umschlag um das Buch gemacht.

Im *Auslieferungslager* werden die Bücher aufbewahrt. Von dort werden sie nach Bestellung in die Buchhandlungen geschickt.

Die *Buchhändlerin* bestellt Bücher, stellt sie in das Schaufenster und verkauft Bücher.

M 6

- Diese Texte können – wie die Bilder – kopiert werden. Die Schülerinnen und Schüler ordnen sie dann den Bildern zu und gestalten damit einen Bildbericht „Wie ein Buch entsteht".
- Besser: Die SchülerInnen schreiben ihre eigenen Texte zu diesem Thema und verwenden die Bilder zur Illustration.
- Ebenso möglich: Sie lassen die kursiv gedruckten Wörter weg und machen aus den Kurztexten so Lückentexte, in die die SchülerInnen die richtigen Begriffe eintragen müssen.

M 7

Buchstaben auflesen

Das Wort ,,lesen" bedeutete bei unseren Vorfahren, den Germanen, ursprünglich nichts anderes als ,,das, was herumliegt, aufsammeln". Auch heute sprechen wir noch von der Traubenlese oder der Auslese beim Wein.

Aber was hat denn das Lesen mit dem Aufsammeln zu tun?

Bei den alten Germanen gab es einen geheimnisvollen Brauch. Die Priester warfen Stäbchen aus Buchenholz, in die Schriftzeichen eingeritzt waren, auf den Boden. Aus der Art, wie diese ,,Buchstaben" dann lagen, sagten sie die Zukunft voraus. Später bekam das Wort ,,lesen" seine heutige Bedeutung: Schriftzeichen erkennen und ihren Sinn verstehen.

,,Buchstabe" war also ein Stab aus Buchenholz, in den Schriftzeichen eingeritzt wurden.

,,Buchstabe" blieb auch noch als Wort in unserer Sprache, als unsere Vorfahren schon lange mit Tinte auf Papier schrieben.

Ja, und ein ,,Buch"? Das war eine Sammlung von Buchenholztafeln, die zusammengeheftet worden waren. Später dann blieb ,,Buch" das Wort für zusammengebunde Papierblätter. Mit der Buche und ihrem Holz hatte das nichts mehr zu tun.

Es ist heute schon gemütlicher geworden, ein Buch zu lesen. Man muß sich nicht mehr bücken und Holz aufsammeln.

Vom Lesen:

,,Lesen" bedeutet seit Urzeiten einsammeln und aussuchen. Noch heute sprechen wir von:

Holzlesen, Ährenlese, Weinlese

Holz einsammeln, Ähren einsammeln, Weintrauben einsammeln

Buchstaben

Unsere Vorfahren streuten manchmal Buchstäbchen (Stäbchen aus Buchenholz) aus, und aus der Art, wie sie lagen, sagten sie voraus, was geschehen würde. Wer diese Stäbchen auflas, also wieder aufsammelte, der erzählte den anderen, welche Zukunft er dabei gelesen hatte.

Ruth Bröskamp-Timmer / Henny Küppers / Marlies Möller

Rund ums Buch

Eine Projektwoche an der 1. Städt. Gesamtschule Kaiserplatz Krefeld

Schulhöfe sind nur selten Orte, an denen auch außerhalb der Schulzeit ein gemeinsames Leben stattfindet. Daß diese Räume auch den Rahmen für andere Möglichkeiten außerhalb von Schule geben können, zeigte dieses Projekt.

In der Projektwoche *„Rund ums Buch"* machten Kinder und Jugendliche positive Erfahrungen mit dem Phänomen Buch durch das Ineinandergreifen verschiedener kultureller Aneignungsformen und pädagogischer Medien.

Dazu gehörten das Kennenlernen von Techniken und Gestaltungsabläufen der Buchherstellung, der kreative Umgang mit Texten und die Anregung, konkrete Fiktionen Wirklichkeit werden zu lassen.

Das Schulhofprojekt verfolgte mehrere Ziele. Zum einen sollten die Inhalte des Projektes über die konkrete Aktion hinaus im Unterricht aufgegriffen und in bestimmten Fächern vertieft werden. Die Projektveranstaltungen ergänzten das Unterrichtsgeschehen und sollten zu einer ganzheitlichen Erfahrung für die SchülerInnen werden. Darin sehen wir eine Chance zur Erweiterung schulischen Lehrens und Lernens.

Die Verbindung des Lernortes Schule mit Aktivitäten der außerschulischen kulturellen Jugendarbeit andererseits leistete einen Beitrag zur Öffnung von Schule (community education). Die enge Kooperation mit anderen Einrichtungen des Stadtteils – Schulen, Kirchen, Bürgerverein, Gewerbe und öffentlichen Einrichtungen – hatte zur Folge, daß sich das Projekt über unsere Schülerschaft hinaus an andere Zielgruppen und die Bevölkerung des unmittelbaren Umfelds der Schule richtete. Dadurch kam es zu einer Verknüpfung von Schule, Alltag und Nachbarschaft und somit zu der Aufhebung der immer noch zunehmenden Trennung von Lebensfunktionen: Wohnen, Arbeiten, Lernen, Spielen, Altern . . .

So wurde unsere Schule als Begegnungs- und Aktionsort für den Stadtteil bedeutsam.

Darüberhinaus wurden Möglichkeiten städtischer Institutionen, die auf dem Gebiet der Jugendarbeit tätig sind, während der Projektwoche genutzt. (Stadtbücherei, Museum, Theater, Offene Träger der Jugendpflege, . . .)

Organisationsrahmen und inhaltliche Ausgestaltung

Die zeitliche Struktur des Ganztages blieb erhalten, d. h. es fand keine Aufhebung des regulären Stundenplans im Vormittagsbereich statt. Die Unterrichtsveranstaltungen des Nachmittags wurden durch offene Projektaktionen ersetzt und fanden hauptsächlich auf dem Schulhof statt.

Vormittag

In der Projektwoche arbeiteten an jedem Vormittag zwischen 9 und 13 Uhr die durch Wahlverfahren zusammengestellten Gruppen. Zielsetzung, Arbeitsorganisation und Stundenplanung innerhalb dieses Rasters lagen in der Eigenverantwortlichkeit der Gruppe.
Beispiele siehe Abbildung.

Folgende Inhalte wurden den einzelnen Fachbereichen entnommen:

Kunst: Dekorieren von Schaufenstern in Buchläden, Plakatherstellung, Drucktechniken, Buchillustrationen, . . .

Deutsch: Schüler als Autoren, Schreiben von Buchrezensionen, Vorlesewettbewerbe, Vorbereitung von Autorenlesungen, Analyse des Kinderbuchmarktes und des Zeitungswesens . . .

Gesellschaftslehre: Verfemte Dichter, Bücherverbrennung, staatliche Zensur, Geschichte des Buchdrucks, Bücher aus fernen Ländern, historische Kinderbücher, Vergleich Jungen- und Mädchenliteratur, . . .

Naturwissenschaften: Analyse des Sachbuchmarktes, SchülerInnen als Forscher, Zusammenstellung von Büchertischen zu einzelnen Themen, . . .

In Exkursionen konnten Druckereien, Büchereien, Graphiker, Verleger, Autoren, Künstler, Zeitungen besucht werden.

Eine Buchausstellung informierte über ausgewählte Kinder- und Jugendliteratur, wobei die Beratung von einem ortsansässigen Buchladen übernommen wurde.

Nachmittag

An den Nachmittagen wurden den Schülern in offenen Gruppen durch Kollegen, Eltern, Honorarkräfte und außerschulische Institutionen verschiedene Angebote gemacht. Im Unterschied zum Vormittag hatten die Schüler am Nachmittag durch die offene Form täglich neue freie Wahlmöglichkeiten, was und wie sie lernen wollten.

Alle Angebote standen auch anderen Kindern und Jugendlichen des Stadtteils bzw. des weiteren Umfeldes zur Verfügung. Verschiedene städtische Institutionen und freie Träger der Stadt Krefeld banden sich am Nachmittag in das Projekt ein. Die für Lehrer neuen offenen Arbeitsformen wurden im Vorfeld von kompetenten Referenten in einer pädagogischen Konferenz unter Leitung von Otto Hertz (Landesinstitut Soest) vorgestellt und in der Planungs- und Durchführungsphase begleitet.

Der Schulhof wurde ein Ort, an dem propädeutisch in die Produktionsformen der Buchherstellung eingeführt wurde. Darüberhinaus wurden bei unterschiedlichen Aktionen Leseanreize geschaffen.

1. Die Produktionsschritte

Papierfabrik: Papierherstellung

Schreibstube: Erfinden von Geschichten bei verschiedenen Schreibanlässen, Sprachbastelwerkstatt, Reportagen über den Projektablauf, Zusammenstellung von Bücherrallyes, Forscher- und Detektivspielen, Vorbereitung von Umfragen, Interviews und Drehbüchern, Erstellung von Buchrezensionen, . . .

Druckerei: Setzen der Texte (Freinetdruckerei), künstlerischer Druck (Linol, Stempel, Sieb, Holz)

Atelier: Buchillustrationen, Collagen, Erstellung von Buchumschlägen, Layout, . . .

Buchbinderei: Herstellung von Heften und Büchern

2. Begleitende Aktionen

Autorenlesungen

Theaterwerkstatt: Szenische Umsetzung von Kinder- und Jugendbüchern

Medien: Videoverfilmung von Kinder- und Jugendbüchern, Hörspiel- und Fotostudio

Vorlesehöhle: Vorlesen, Erzählen, Geschichten erfinden, . . .

Forschung: Umfragen zum Leseverhalten, Detektivspiele zur Buchausstellung

Spiele: Elektroquiz, Bibliofix, Wörterdomino, . . .

Themenfindung

In der Lehrerkonferenz lagen Themenvorschläge vor, die bei der pädagogischen Konferenz von Kollegen genannt wurden, die von Schülern an eine vorher aufgestellte Litfaßsäule gepinnt wurden, die bei einführenden Gesprächen in Klassen erarbeitet wurden, die aus der Literatur und den Köpfen der Planungsmitglieder stammten.

Jede / r KollegeIn mit voller Stundenzahl entschied sich für ein genanntes Thema oder nannte sein eigenes neues. Kollegen mit reduzierter Stundenzahl boten zu zweit ein Thema an und teilten sich so die Arbeitszeit. Auf diesem Wege erhielten wir 40 verschiedene Gruppenthemen. Daraus ergab sich eine durchschnittliche Gruppengröße von 15 SchülerInnen.

Wahlverfahren

Entsprechend dem Formular 1 (siehe Abb.) fertigten die Kollegen eine schüleradäquate Projektbeschreibung an. Diese wurde als Informationsgrundlage an eine Stellwand geheftet und diente als Grundlage für die Wahl der Schüler.

Das Wahlverfahren leiteten die KlassenlehrerInnen, indem sie auf der Klassenliste Erst- und Zweitwunsch der SchülerInnen vermerkten. Die Auswertung erfolgte durch die Planungsgruppe.

Vorbereitung

Auf dem Formular 2 (siehe Abb.) vermerkten die Projektleiter ihre Finanzierungs- und Materialwünsche. Die Planungsgruppe konnte allerdings keine Besorgungen übernehmen. Sie sah ihre Aufgabe in der Koordinierung der Kostenübernahme und in der Suche nach günstigen Bezugsquellen. Es galt also: Eigeninitiative ist unerläßlich.

Ende August trafen SchülerInnen zu einer ersten Projektstunde mit ihrem Projektleiter zusammen. Sie besprachen Zielsetzung und Arbeitsorganisation und legten fest, wie Exkursionsmöglichkeiten genutzt werden konnten. SchülerInnen und LehrerInnen hatten also noch genügend Zeit, letzte Besorgungen zu machen und Verabredungen zu treffen. Nach den Sommerferien konnte es dann gleich losgehen . . .

Mitwirkende/Beteiligte Institutionen
Buchhandlung Fa. Greven • Buchhandlung Fa. Uhrig • Der andere Buchladen • Ev. Kirchengemeinde, Bockum • Förderverein der Städt. Gesamtschule • Jugendamt der Stadt Krefeld • Kaiser-Wilhelm-Museum • Krefelder Literaturwerkstatt • Regionale Arbeitsstelle • Regionalbücherei 'Schatzkiste' • Stadtbücherei • Stadtsparkasse Krefeld • Theatergruppe Fr. v. Alphen

Planungshilfen

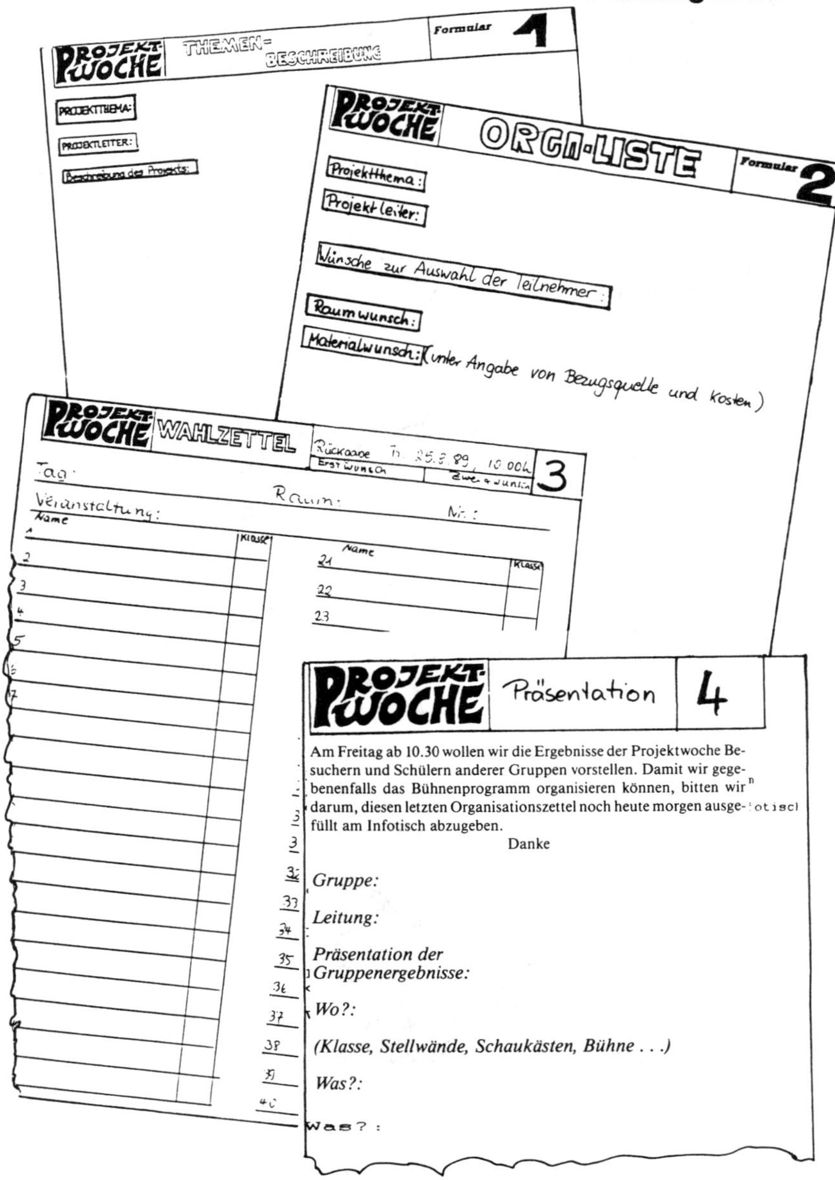

PROJEKT-WOCHE THEMEN-BESCHREIBUNG Formular 1

PROJEKTTHEMA:

PROJEKTLEITER:

Beschreibung des Projekts:

PROJEKT-WOCHE ORGA-LISTE Formular 2

Projektthema:

Projekt leiter:

Wünsche zur Auswahl der Teilnehmer:

Raumwunsch:

Materialwunsch: (unter Angabe von Bezugsquelle und Kosten)

PROJEKT-WOCHE WAHLZETTEL 3

Rückgabe Fr. 25.3.89, 10.00h

Erstwunsch Zweitwunsch

Tag:

Raum:

Veranstaltung:

Nr.:

Name Klasse

1 2 3 4 5 6 7

Name Klasse

21 22 23

31 32 33 34 35 36 37 38 39 40

PROJEKT-WOCHE Präsentation 4

Am Freitag ab 10.30 wollen wir die Ergebnisse der Projektwoche Besuchern und Schülern anderer Gruppen vorstellen. Damit wir gegebenenfalls das Bühnenprogramm organisieren können, bitten wir darum, diesen letzten Organisationszettel noch heute morgen ausgefüllt am Infotisch abzugeben.

Danke

Gruppe:

Leitung:

Präsentation der Gruppenergebnisse:

Wo?:

(Klasse, Stellwände, Schaukästen, Bühne . . .)

Was?:

Was? :

Planungshilfen

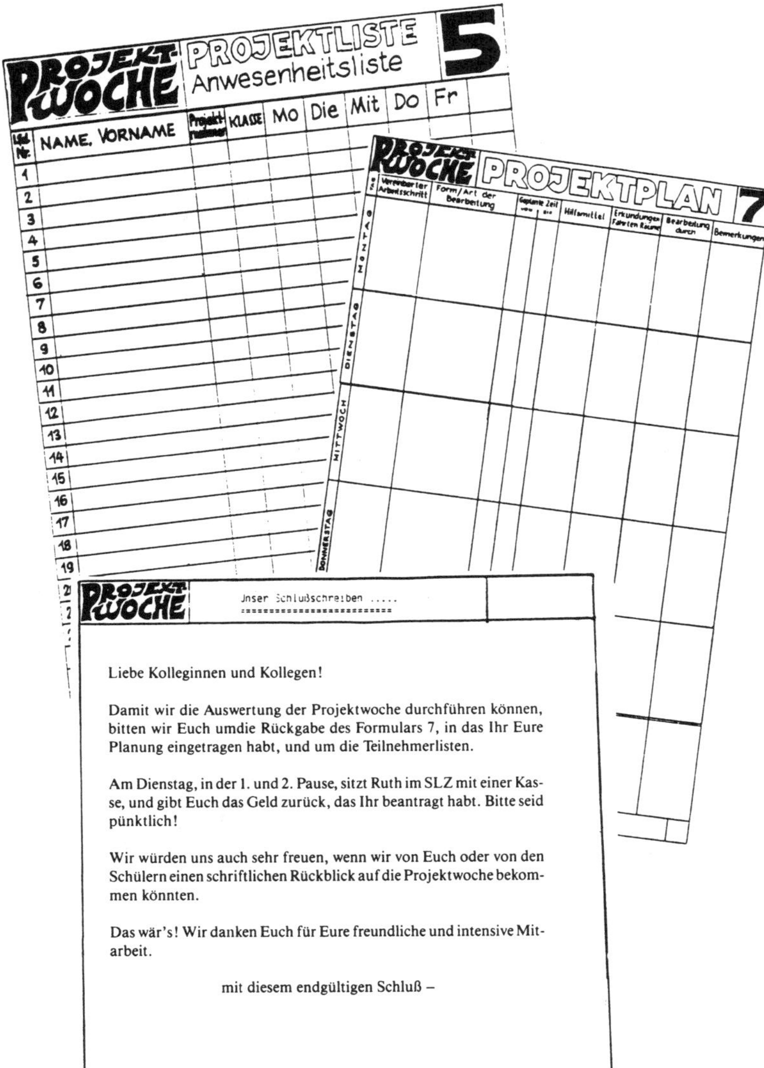

Liebe Kolleginnen und Kollegen!

Damit wir die Auswertung der Projektwoche durchführen können, bitten wir Euch umdie Rückgabe des Formulars 7, in das Ihr Eure Planung eingetragen habt, und um die Teilnehmerlisten.

Am Dienstag, in der 1. und 2. Pause, sitzt Ruth im SLZ mit einer Kasse, und gibt Euch das Geld zurück, das Ihr beantragt habt. Bitte seid pünktlich!

Wir würden uns auch sehr freuen, wenn wir von Euch oder von den Schülern einen schriftlichen Rückblick auf die Projektwoche bekommen könnten.

Das wär's! Wir danken Euch für Eure freundliche und intensive Mitarbeit.

mit diesem endgültigen Schluß –

Beispiele für Projektbeschreibungen

Beispiele für Nachmittagsangebote

Beispiele für Ankündigungen und Schülerdokumentationen

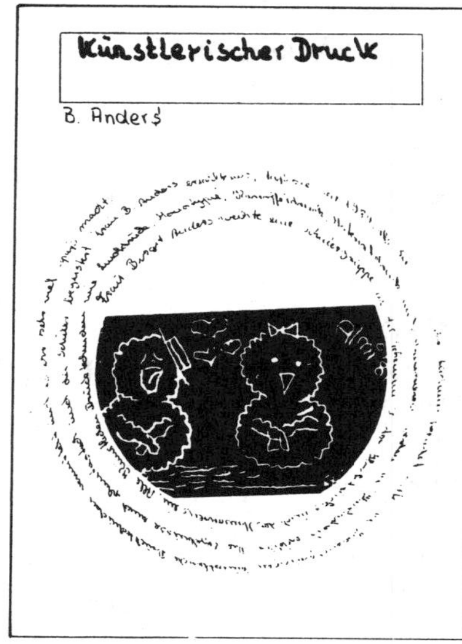

Ruth Bröskamp-Timmer / Henny Küppers

„Bibliofix"

Handelnder Umgang mit Büchern – ein Spiel

„Stell Dir vor, Du gehst in eine Bücherei, hast Bock auf Bücher und findest keins. Da hilft nix so fix wie Bibliofix, das fixe Spiel mit und um Bücher."

Dabei geht es uns in erster Linie nicht um ein bloßes Kennenlernen der Systematik, um ein Mitkriegen, was ein Autor, Illustrator, Verlag . . . ist, sondern daß Kinder über Bildausschnitte, Umschläge, Figuren . . . Interesse an den einzelnen Büchern finden, um sie sich mal genauer anzuschauen und ggf. in einer Bücherei auszuleihen. Vor allem geht es uns darum, daß Kinder Bücher als Quellen interessanter Information, als zugänglich und vielfältig, als Befriedigung von Neugierde und Spannung empfinden.

Schwerpunkte des Spiels sind z. B.:

- Kennenlernen neuer Kinder- und Jugendbücher
- Neuaufnahmen in die Schülerbibliothek
- unterrichtsbegleitende Büchertische zu speziellen Themen z. B.:
  Abenteuer im Dschungel
  Hexentanz und Teufelsfieber
  Als die Römer frech geworden
  Klangreisen – Komponisten und ihre Werke
  Was quakt denn da? – Umgang mit Bestimmungsbüchern
  Spiel und Spaß in den Ferien

Eingesetzt werden kann Bibliofix in Schulbibliotheken, Buchhandlungen, aber natürlich auch in jenem Fachunterricht (beim Bekanntmachen mit einer themenbezogenen Bücherkiste).

Spielbeschreibung

Grundausstattung:

- 28 durchnumerierte Kinder- und Jugendbücher, auf dem Rücken

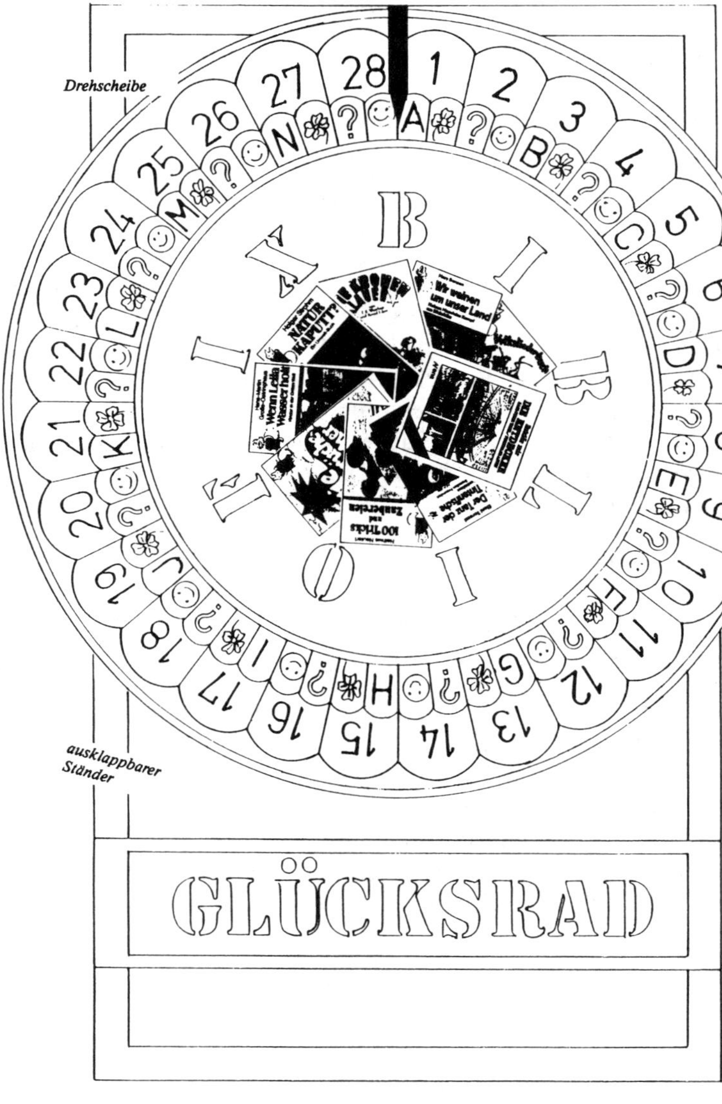
Drehscheibe
ausklappbarer Ständer
BIBLIOTHEK
GLÜCKSRAD

Abb. 5

durch einen farbigen Punkt in den Mitspielerfarben gekennzeichnet.

- Glücksrad (s. Abb. 5)
- Programm (Spielregeln) (Abb. 1)
- Punktetabelle (Abb.2)
- 28 Karteikarten mit je 2 Spezialfragen (Abb. 3) [?]
- Bildfragen (OHP-Folien – Abb. 4) 
- Karteikarten mit Glücksfragen 
- Fragen zur Systematik von A - N (Abb. 6) [L]

Vorbereitung:
Bei der Auswahl der Bücher haben wir darauf geachtet, daß in jeder Gruppe Exemplare aus den verschiedenen Sparten vorhanden sind, damit für die Gruppe eine möglichst breite Fächerung der Büchereisystematik sichtbar wird. Zu jedem Buch haben wir die entsprechenden Aufgabenkarten erstellt (Spezialfragen, Bildfragen)

Bei der Ausgabe ist darauf zu achten, daß die Bücher möglichst nur analog der aufgeklebten Nummer bis zur Anzahl der mitspielenden Schüler ausgeteilt werden.

Durch das willkürliche Verteilen der Bücher ergibt sich automatisch eine Einteilung der Schüler in Gruppen. (4 Gruppen à 7 Schüler bei einer Klassenstärke von 28 beispielsweise).

Spielregeln:
1. Die Bücher werden verteilt, die Schüler schmökern und machen sich mit ihrem Buch vertraut (Autor, Titel, Verlag, Erscheinungsjahr, -ort, Klappentexte, Abbildungen . . .).
   Haben sich alle ihre Bücher genau angeschaut – und dabei nebenbei vielleicht sogar das eine oder andere inhaltliche Interesse entwickelt („Das Buch handelt ja von Mumien, das könnte ich mir ja auch mal in der Bücherei ausleihen.“), kann die erste Runde beginnen.
2. Das Glücksrad wird gedreht und bleibt bei einem Symbol im Innenkreis stehen. Taucht eine Systematikfrage auf, versucht jeder Schüler eine Lösung für sein Buch zu finden. Bei einem anderen Symbol wird direkt erneut gedreht.

3. Das Glücksrad wird zum zweitenmal gedreht. Nun kommt es auf die Nummer im Außenkreis an. Dem Schüler mit der entsprechenden Nummer wird nun die in der ersten Drehung ermittelte Aufgabe gestellt. Bei Erfüllung der Aufgabe – die Mithilfe der Gruppenmitglieder ist natürlich zugelassen bzw. erwünscht –, wird der Gruppe ein Punkt notiert auf der Spieltabelle.
   Sinn des Spieles ist es darüberhinaus, daß der Einzelne allen sein Buch vorstellt.

4. Hat eine Gruppe die für eine Runde erforderliche Punktzahl erreicht, werden die Bücher eingesammelt und neu verteilt. Dadurch kommt es automatisch zu einer neuen Gruppenbildung, und die Schüler haben die Möglichkeit, mehrere Bücher in verschiedenen Runden genauer kennenzulernen. Für die ersten Runden empfiehlt sich eine geringe Punktzahl (max. 3), um bei knapper Zeit (2 Unterrichtsstunden) mindestens einen Wechsel vornehmen zu können.

Ziel
Gewinner ist jeder auf Bücher neugierig gemachte Leser.

Weitere Einsatzmöglichkeiten
Der erfahrene Bibliofixspieler ist leicht zu den folgenden Transferleistungen in der Lage:

- Einrichtung einer Klassenbücherei mit genormter Systematik
- Zusammenstellen von Bücherkisten nach schülereigenen Kriterien
- intensives Lesetraining
- Abbau von Barrieren beim Besuch von Büchereien des Schulumfeldes / der Stadt
- Leseclubs „Meine Lieblingsbücher"

„Nun stell' Dir vor, Du gehst wieder in eine Bibliothek und findest noch immer kein Buch. Ja, dann kann auch Bibliofix nicht mehr helfen."

Gefunden haben wir die Idee Bibliofix in „Kulturpädagogisches Lesebuch" Band 3: Netzwerke für Spielen und Lernen. Päd. Aktion e. V. München 1984. Wir haben das Spiel dem unterrichtsspezifischen Bedarf angepaßt, mehrfach erprobt und für gut befunden.

BIBLIOFIX

A Wer hat das Buch geschrieben ?

B Welcher Verlag hat das Buch gedruckt ?

C Wieviele Seiten hat das Buch ?

D Wie heißt das Buch ?

E Wieviele Wörter hat die 5. Zeile auf Seite 10 ?

F Lies den Klappentext vor !

G Welche Gruppe von Büchern ist durch ein blaues Schild gekennzeichnet ?

H Was bedeuten die vier Buchstaben auf dem Buchrücken ?

I Welche Bücher sind mit dem Kennbuchstaben M gekennzeichnet ?

J Wann und wo wurde das Buch gedruckt ?

K Wieviele Zeilen hat Seite 25 ?

L Lies den letzten Satz des Textes vor !

M Was bedeutet eine 5 auf einem rot gekennzeichneten Buch ?

N Was bedeutet ein E auf einem blau gekennzeichneten Buch ?

FRAGEN AN

Abb. 6

Beispiele für Glücksfragen

- Stelle die Hauptfigur aus deinem Lieblingsbuch pantomimisch dar.
- Du hast das Buch zweimal gelesen. Nun bringst du es zurück in die Buchhandlung und willst es umtauschen.
- Du bist ein Dichter und hast ganz viele Gedichte geschrieben. Geh' zu einem Verleger und lies ihm dieses Gedicht vor und versuche ihn zu überzeugen, daß er Deine Gedichte druckt.
- Du willst das Buch haben. Deine Mutter will es dir aber nicht kaufen. Überzeuge sie, daß sie ihre Meinung ändert.
- Du bist der Autor eines neuen Buches. Stelle es vor. Lies' einen Abschnitt vor.
- Achtung! Zungenbrecher!
  Zweiundzwanzig zahme Zwergziegen zwängten sich zwischen zwei zersplitterte Zaunstützen.
- Was heißt das?

  K
  MANN
- Das Buch ist zu teuer. Verhandle um den Preis.
- Geheimschrift! Was bedeutet:
  Lümbagemban hasabenban kumbarzemba bemba – illonemka, remba – gembanwümbarembar asabembar kemba illonemba.
- Welches Buch liest du zur Zeit oder hast du gerade gelesen?
- Wo können sich Kinder solche Bücher ausleihen?
- Welches ist dein Lieblingsbuch?
- Verpacke das Buch als (Weihnachts-)geschenk.
- Was heißt das?

ILLUSTRATION PROGRAMM

Abb. 1

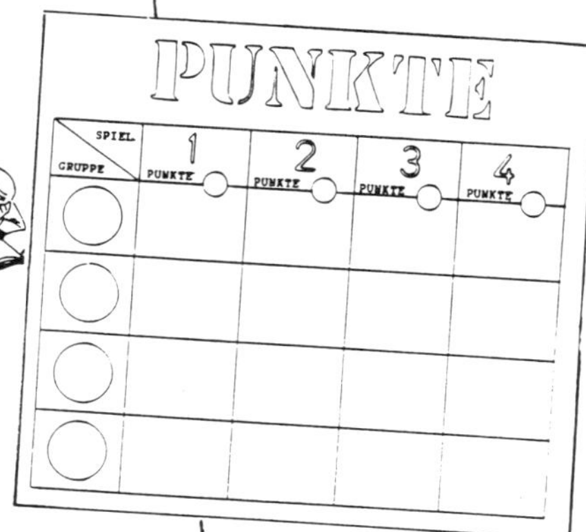

Abb. 2

Abb. 3

Abb. 4

Karin Heinrich

Zum Beispiel Goethe und Heine ...
Vom handlungsorientierten Umgang mit Lyrik

Das Umgehen mit Gedichten im Deutschunterricht gehört zu den Bereichen, die für LehrerInnen und SchülerInnen gleichermaßen schwierig zu sein scheinen.
Das liegt sicher auch daran, daß ein natürlicher Zugang zu dieser Literaturgattung oft schon durch frühere "Interpretationsarbeit" verbaut wurde.

Welche Möglichkeiten bieten sich nun, SchülerInnen den Umgang mit Gedichten zu erleichtern ?

Für die Eingangsstufe läßt sich das Tor zur Lyrik wieder öffnen durch die Aufforderung, mit den Gedichten "etwas zu tun". Den Schülerinnen und Schülern wird durch diese Aufforderung die Möglichkeit gegeben

- auf individuelle Art mit den Gedichten umzugehen ,
- ohne den Umweg über eine sprachliche "Interpretation" die literarische Sprache nachzuempfinden und zu erfahren,
- ihren persönlichen Zugang zu einem Gedicht zu finden.

Schülerinnen und Schüler können zu (frei gewählten oder vorgegebenen) Texten ihre eigene Zugriffsweise finden: Sie können schreiben, gestalten, malen, basteln, inszenieren, rezitieren, pantomimisch darstellen, Interviews zu Texten führen.
Wenn die SchülerInnen entdeckt haben, wie vielfältig die Möglichkeiten sind, mit Gedichten umzugehen, werden sie schnell ihre Scheu oder Ablehnung verlieren.
Als Möglichkeit der konzentrierten Hinführung bietet sich ein "Dichter- Projekt" an, eine epochal geplante Einheit, die den SchülerInnen Zeit und Gelegenheit gibt, sich einmal ausschließlich mit dieser neuen Art der Betrachtung auseinanderzusetzen. Wir haben unser Vorhaben so gegliedert: In der ersten der zwei geplanten Wochen war den Schülerinnen und Schülern Textauswahl, Arbeits- und Sozialform völlig freigestellt, um ein möglichst breites Interesse zu sichern. Es waren

Gedichte unterschiedlichsten Inhalts und verschiedester Formen vorhanden. Sie wurden den SchülerInnen in einem Ordner zur Verfügung gestellt. Eine Fülle von Gedicht- und Lesebüchern ergänzte das Angebot. Die Palette der Autoren reichte von Walther von der Vogelweide über die Klassiker bis hin zu Heinz Erhardt. Gewählt wurden die unterschiedlichsten Gedichte. Die erwarteten Anlaufschwierigkeiten legten sich schnell und die attraktive Möglichkeit, im Deutschunterricht einmal "etwas ganz anderes" zu tun motivierte zusätzlich.
Die erarbeiteten Ergebnisse wurden den KlassenkameradInnen durch verschiedene Verfahren vorgestellt: einmal gab es die Vorführ-Phasen, zum anderen wurde ein Ausstellungstisch bereitgestellt. Beide Möglichkeiten wurden genutzt, um die Arbeitsergebnisse allen zugänglich zu machen.

Das wachsende Interesse der SchülerInnen an den Dichtern war der Auslöser für die Strukturierung des zweiten Blocks: In jeder Deutschstunde sollte ein bestimmter Dichter mit seinem Werk im Mittelpunkt stehen. Eine Gruppe sollte jeweils den Lebenslauf des entsprechenden Dichters erarbeiten und den anderen zugänglich machen, die restlichen Gruppen würden sich in der bereits bekannten Art und Weise mit den ausgewählten Gedichten beschäftigen. Wir stellten gemeinsam eine Auswahl in chronologischer Reihenfolge zusammen.

Am Beispiel Heinrich Heines soll die Arbeitsweise der Schülerinnen und Schüler kurz skizziert werden.

Die Klasse entschied sich für folgende Gedichte Heines, die sie näher kennenlernen wollten:

Zwei Jungen wählten "Das Fräulein stand am Meere ..." aus und gestalteten diese Szene als Bild. Der Text wurde dazugeklebt.
"Belsazar" wurde als Hörspiel aufgenommen,als zusätzliche Information wurde die Bibelstelle aus Daniel 5 auf das Band gesprochen. Besonders interessant war die Ausgestaltung der (von den Schülern selbst gewählten) "Loreley": Die Geschichte wurde als Papp-Figuren-Theater inszeniert und aufgeführt, der Vortragsstil der Moritat wurde dazu gewählt.
Die Gruppe, die Heines Lebenslauf erarbeitete, sprach ihr Ergebnis

auf Tonband und legte das Band zu dem klasseneigenen Cassettenrecorder:

"*Heinrich Heine:*

Er war ein berühmter Dichter. Er lebte von 1797 bis 1856. Seine Eltern waren Juden und lebten in Düsseldorf. Heinrich Heine hieß früher Harry Heine. Später, als er mit dem Jurastudium fertig war, ist er zum protestantischen Glauben übergetreten und hat sich Heinrich Heine genannt. Die Juden bekamen damals nur sehr schwer Arbeit und so hoffte er, als Protestant welche zu bekommen. Aber es hat ihm nichts genützt, denn er war auch noch auf der Seite der armen Leute. Deshalb hat keine Regierung ihn eingestellt.

Er mußte Deutschland verlassen und lebte in Frankreich. 25 Jahre wohnte er in Paris und ist auch dort gestorben. Er schrieb viele Gedichte über den Krieg und den Frieden. Er hatte immer Sehnsucht nach Deutschland, das zeigt auch dieses Gedicht:

Es war ein Traum

Ich hatte einst ein schönes Vaterland.
Der Eichenbaum stand dort so hoch,
Die Veilchen blickten sanft.
Es war ein Traum.
Das küßte mich auf deutsch
Und sprach auf deutsch ,
Man glaubt es kaum, wie gut es klang,
Das Wort 'Ich liebe Dich!'
Es war ein Traum."

Mit zunehmender Erfahrung trat das Interesse an der sprachlichen Ebene in den Vordergrund. So wuchs der Wunsch, selbst zu dichten. Die SchülerInnen erkannten, daß dazu ein bestimmtes "Handwerkszeug" nötig ist. Es kam die Frage nach einer Einführung in die Techniken aus der Klasse. Das Angebot einer "Dichterwerkstatt" wurde, obwohl als freiwilliger Beitrag konzipiert, von allen SchülerInnen angenommen: Wir informierten uns über verschiedene Reimformen, Rhythmen, Versmaße, versuchten sie zu erkennen und anzuwenden.

Möglichkeiten zum Selbst- Dichten waren in der Folge sehr beliebt.

Das Drachenkind

Ich bin das kleine Drachenkind
und fliege manchmal wie der Wind.
Die Sonne brennt grell,
doch ich fliege schnell,
schnell wie der Wind.

Manchmal wunder ich mich schon,
was das unter mir sein soll,
ich fliege schnell hinab und gucke sehr verdutzt,
was das wohl dein soll.
Ich sehe kleine Weden,
ich kriege einen Schreck
und flieg lieber weg.

Ich bin das kleine Drachenkind,
und fliege manchmal wie der Wind.
Die Sonne brennt grell,
doch ich fliege schnell,
schnell wie der Wind.

Ich fliege weiter
und bald lande ich wieder auf einer Wiese.
Da kommt ein Riese
und ich kriege Angst,
da flieg ich weg.

Ich bin das kleine Drachenkind,......
(Sandra, Melanie)

Was ein Kind braucht (nach Peter Maiwald)

Wenn ein Kind geboren ist,
braucht es eine Unterkunft.
Kleider und etwas zum Spielen,
und einen guten Freund.
Ein schönes Bett,
dann noch ein Schaukelbrett.
Tiere, Bücher aller Arten,
Straße, Haus und Wiesen,
zum Spielen und Toben.
Sommer, Regen, Winter,
Flieger, Schiffe und ein Rad.
Einen Vater, der Arbeit hat,
eine kluge Mutter.
Ein Land, wo es Frieden hat,
und Brot und Butter.
(Marco, Christian, Andreas, Eric)

Folgendes Erlebnis zeigt, daß die Schülerinnen und Schüler Lyrik als künstlerische Ausdrucksform erkannt haben:
In einem der zu unserer Klassenbücherei gehörenden Gedichtbände findet eine Gruppe bei der Materialsuche zu einem anderen Themenbereich ein Wesergedicht des Franz von Dingelstedt. Da wir an der Weser wohnen, ist das Interesse geweckt. Mit Erstaunen lesen sie, wie ein Dichter vor hundert Jahren unsere Heimat beschrieben hat. Die Gruppe, die dieses alte Werk ausgegraben hat, beschließt, es "umzudichten", der heutigen Zeit anzupassen. Mit einem entsprechenden Begleitbrief wird es an die Redaktion der Lokalzeitung geschickt. Die Veröffentlichung ihres Kunstwerks krönte die mühevolle Arbeit der "Dichter".

Schreibe ein „Liebesgedicht", zum Beispiel so:

1. Nimm die Anfangsbuchstaben von jemandem, den du gern hast. Experimentiere damit.
   Beispiel: mit **Mutter** könntest du so schreiben

   Meine allerliebste
   und beste
   treue und gute Mutti,
   träum
   einen schönen Traum,
   ruh dich aus!

2. Schreibe ein Gedicht, bei dem jede Zeile mit „Liebe ist ..." anfängt. Es sollte mindestens 5 Zeilen haben.
   Beispiel: Liebe ist, jemandem zuhören.
   Liebe ist, mit dir schmusen
   Liebe ist, wenn man sich gern sieht.
   Liebe ist toll!

   (und so weiter)

3. Laß dir selbst was einfallen!

Gute Texte können wir für ein Buch brauchen und in der „Offenen Stunde" vortragen!

Sie machten sich ihre Gedanken über den heutigen Zustand der Weserlandschaft: von links Sandra Grösch, Eric Johanning und Andreas Witt aus der Grundschulklasse 3 in Vennebeck. Auf dem leeren Stuhl hätte der leider erkrankte vierte „Lyriker" sitzen sollen, Thomas Pape. MT-Foto: hn

Die Weser – einst und jetzt

*Ich kenne einen deutschen Strom,
der ist mir lieb und wert vor allen.
Vorbei am Kraftwerk mit Atom,
vorbei an Häusern und großen Hallen.
Genauso wie den großen Rhein
hat ihn der Geist des Drecks beschworen.
Ihn hat der schmutzige Verein
verwandter Ströme doch geboren.*

*So taucht die Weser salzig auf,
von Bergen immer eingeschlossen,
und kommt in ewigem Lauf
durch gedüngte Wiesen herabgeflossen.
So windet sie mit leisem Schmerz
zum fernen Meere sich hernieder,
und uns tut dabei weh das Herz,
Müll und Müll immer wieder.*

*Und meerwärts, durch ihr Felsentor,
durch immer wechselnde Gefilde
strömt sie die Wellen schwer hervor
wie schreckliche Traumgebilde.
In ihren Tiefen ist nur Dreck,
riech den Gestank!
Jede Nixe kriegt einen Schreck
und wird davon krank.*

*Ich kenne einen deutschen Strom,
der ist mir lieb und wert vor allen,
umwölbt von ernster Eichen Dom,
umgrünt von kühlen Buchenhallen;
ihn hat nicht, wie den großen Rhein,
der Alpe dunkler Geist beschworen,
ihn hat der friedliche Verein
verwandter Ströme still geboren.*

*So taucht die Weser kindlich auf,
von Bergen traulich eingeschlossen,
und kommt in träumerischem Lauf
durch grüne Au'n herabgeflossen.
So windet sie mit leisem Fuß
zum fernen Meere sich hernieder
und spiegelt mit geschwätz'gem Gruß
der Ufer sanften Frieden wider.*

*Und meerwärts durch ihr Felsentor,
durch immer wechselnde Gefilde
strömt sie die Wellen leicht hervor
wie jugendliche Traumgebilde;
in ihren Tiefen, klar und rein,
hörst du es seltsam wehn und rauschen
und kannst bei stillem Abendschein
der Nixe Wunderlied belauschen.*

Ideen:

Wir führen es als Pantomime auf.

Wir basteln ein Kartontheater und führen die Szene vor!

Wir begleiten es mit Instrumenten.

Wir nehmen es mit passenden Geräuschen auf eine Kassette auf.

Die Mitternachtsmaus
Ch. Morgenstern

Wenns mitternächtigt und nicht Mond
noch Stern das Himmelshaus bewohnt,
läuft zwölfmal durch das Himmelshaus
die Mitternachtsmaus.

Sie pfeift auf ihrem kleinen Maul, –
im Traume brüllt der Höllengaul ...
Doch ruhig läuft ihr Pensum aus
die Mitternachtsmaus.

Ihr Herr, der große weiße Geist,
ist nämlich solche Nacht verreist.
Wohl ihm! Es hütet ihm sein Haus
die Mitternachtsmaus.

Wir basteln ein „Fühlbild": Die Mitternachtsmaus im Himmelshaus – aus Stoff, Wolle und anderen Materialien

Wir malen ein Bild dazu.

Wir schreiben ein „Gegengedicht": Die Mittagskatze

Wir basteln Marionetten oder Handpuppen: Die Mitternachtsmaus, den Höllengaul, den Geist – dann führen wir es vor.

Wir tragen das Gedicht mit verschiedenen Stimmen und geänderter Betonung vor: flüsternd – geheimnisvoll, laut – unheimlich, ...

Ideen:

Wir interviewen Lehrer oder andere Schüler zu diesem Gedicht.

Wir malen ein Phantasiebild dazu: das Kind in der Klasse – der Wundervogel

Wir spielen das Gedicht als Rollenspiel.

Rechenstunde

Zwei und zwei sind vier
vier und vier sind acht
acht und acht sind sechzehn
Wiederholen! sagt der Lehrer
Zwei und zwei sind vier
vier und vier sind acht
acht und acht sind sechzehn
Aber da fliegt der Wundervogel
am Himmel vorbei
Das Kind sieht ihn
das Kind hört ihn
das Kind ruft ihn
Rette mich
spiel mit mir
Vogel!
Da schwebt der Vogel nieder
und spielt mit dem Kind
Zwei und zwei sind vier ...
Wiederholen! sagt der Lehrer
und das Kind spielt
der Vogel spielt mit ihm
Vier und vier sind acht
acht und acht sind sechzehn
und wieviel sind sechzehn und sechzehn?
Sechzehn und sechzehn sind nichts
und erst recht nicht zweiunddreißig
denn das gibt ja keinen Sinn
also schwinden sie dahin
Und das Kind hat den Vogel in seinem Pult versteckt
und alle Kinder
hören sein Lied
und alle Kinder
hören die Musik
und nun verschwinden auch die Acht und Acht
und die Vier und Vier und die Zwei und Zwei
trollen sich
und eins und eins sind weder eins noch zwei
eins ums andre ziehn sie ab
Und der Wundervogel spielt
und das Kind singt
und der Lehrer schreit:
Wann hört ihr endlich mit dem Unsinn auf?
Aber alle Kinder
horchen auf die Musik
und die Wände des Klassenzimmers
sinken friedlich ein
Und die Fensterscheiben werden wieder Sand
die Tinte wird wieder Wasser
die Pulte werden wieder Bäume
die Kreide wird wieder Felsen
der Federhalter wird wieder Vogel.

Jacques Prévert

Wir stellen es als Pantomime dar.

Wir begleiten es mit Musik.

Wir fertigen eine Collage dazu an.

Wir gestalten es, indem wir es mit verschiedenen Schriften und Schreibwerkzeugen von verschiedenen Personen schreiben lassen.

Wir schreiben es riesengroß auf ein Plakat und hängen es in der Klasse oder auf dem Flur auf.

Wir basteln den „Wundervogel“

Wir schreiben das Gedicht so um: „Die Sprachstunde“

Ingrid Göpfert

Der Löwe und die Maus – zum Beispiel

Eine Unterrichtsreihe zum Thema „Fabeln"
in einer sechsten Klasse der Hauptschule

Die Fabel als Textsorte zählt heute sicher zu den traditionellen Themen des Deutschunterrichts. Gerade in der Orientierungsstufe setze ich sie immer wieder gern ein, weil kaum eine andere Textart so vielfältige Möglichkeiten des Umgangs bietet. Zum einen sind die Texte meist kurz, überschaubar und sprachlich verständlich, zum anderen bieten sie sich geradezu zum spielerischen Gestalten, Umgestalten und Nachgestalten an, also zum produktiven Umgang mit Literatur.

Die meisten Schülerinnen und Schüler der Orientierungsstufe haben bereits im Unterricht der Grundschule erste Bekanntschaft mit der Textsorte Fabel gemacht. Diesen Umstand kann der Lehrer nutzen, indem er an bereits gemachte Erfahrungen anknüpfen kann. Auch sind die Kinder meist recht stolz, wenn sie auf bereits Bekanntes verweisen können, wenn sie sagen können: „Das habe ich schon gehört, gelernt und dazu kann ich etwas sagen!" Für unsere durch Erfolge nicht gerade verwöhnten Hauptschulkinder ist das eine ganz besonders wichtige Erfahrung!

Arbeit mit literarischen Texten in einem 6. Schuljahr der Hauptschule, Arbeit mit Texten, die den Schülerinnen und Schülern Freude macht, ihr Interesse weckt, ihre Kreativität fördert . . . Utopie? Am Thema „Fabel" wollten meine damalige Lehramtsanwärterin Ulrike Wolters und ich versuchen, Literaturunterricht einmal anders anzugehen.

Texte lesen, sich auf vielerlei Arten mit Texten auseinandersetzen, Texte selber produzieren – und zwar vom Manuskript über die Überarbeitung bis hin zum fertigen Text – all dies sollte in möglichst offener Form im Unterricht erfolgen. Von daher planten wir zunächst auch nur die ersten beiden Stunden, um dann offen zu sein für die Wünsche und Ideen der Kinder.

1. Stunde: *Der Löwe und die Maus – zum Beispiel*
Wir gestalten aus einer Fabel ein Comic und veranstalten ein Fabel-Quiz

HEHE! Und Jetzt !!!!!
SUPER!
HURRA!
„Bitte, Bitte lass mich laufen. Ich werde dir auch mal das Leben schenken
Jetzt habe ich dich! HA,HA,HA,HA,HA!!!!
Mist jetzt bin ich gefangen. Brüll, Brüll, Hilfe, Hilfe
Danke liebe kleine Maus!
Bitte!
Siehst du auch ein Schwacher kann einem Starken helfen!
Da hast du recht!

Ziele: Die Schülerinnen und Schüler sollen

- eine von ihnen ausgesuchte Fabel in einen Comic-Strip umsetzen
- sich im mündlichen Erzählen einer Fabel üben
- Fabel und Comic einander zuordnen

Zunächst erhält jedes Kind den Auftrag, sich aus unserer Literaturkiste eine Fabel herauszusuchen, diese zu lesen und sie in Form eines Comic-Strips wiederzugeben. Diese Comics sollten am nächsten Tag für ein Fabel-Quiz benutzt werden. Hierfür wurden die mit viel Liebe zum Detail ausgeführten Zeichnungen der Kinder für alle gut sichtbar in der Klasse aufgehängt. Die Schülerinnen und Schüler erzählten die einzelnen Fabeln und die Klasse mußte erraten, welcher Comic zu welcher Fabel gehörte. Hiermit verfolgten wir zunächst einmal zwei Ziele. Zum einen erhofften wir uns durch die Herstellung der Comics ein genaueres Lesen der Texte, zum anderen sollten den Schülerinnen und Schülern durch das Quiz nicht nur möglichst viele Fabeln vorstellt werden, sondern sie sollten gleichzeitig die in der heutigen Zeit so selten gebrauchte Form des mündlichen Erzählens üben. Es war interessant zu beobachten, wieviel Freude den Kindern diese Phase des Unterrichts machte.

2. Stunde: *Fabeltiere*
Wir gestalten Fabeltiere aus Ton

Ziele: Die Schülerinnen und Schüler sollen

- aus dem Werkstoff Ton Fabeltiere nach ihrer Phantasie herstellen
- über diese Aufgabenstellung eine verstärkte Beziehung zum Thema der Reihe entwickeln

Inzwischen hatten die Kinder sich so sehr mit der Thematik identifiziert, daß sie darum baten, im Kunstunterricht Fabeltiere aus Ton herstellen zu können. Mittels der vielen phantasievollen Geschöpfe, die hier entstanden sowie vieler Zeichnungen, Pflanzen und unseren Comics verwandelte sich unser Klassenraum langsam aber sicher in eine märchenhaft anmutende Fabelwelt.

3. Stunde: *Der Löwe und die Maus (Aesop)*
Wir erarbeiten die Merkmale der Fabel

Ziele: Die Schülerinnen und Schüler sollen

- erkennen, daß die Tiere in der Fabel sprechen und als Stellvertreter der Menschen stehen
- den Handlungsablauf einer Fabel gliedern
- die beiden Handlungsstränge und den Wendepunkt einer Fabel erkennen
- die Lehre feststellen
- erkennen, daß Gegensätze dargestellt werden (hier: stark-schwach)

Nach dem spielerisch / künstlerischen Einstieg in die Thematik sollten im Verlauf dieser Stunde die wesentlichen Merkmale der Textgattung Fabel erarbeitet werden.

Hierzu erhielten die Kinder in Tischgruppen den Auftrag, die Situation der beiden Fabeltiere zu untersuchen (siehe Arbeitsaufträge der Tischgruppen). Gemeinsam erstellten wir dann das Tafelbild (siehe Anlagen) und es gelang uns erstaunlich schnell, die charakteristischen Eigenarten der Fabeltiere herauszuarbeiten. Der Text „Der Löwe und die Maus" eignet sich hierzu meiner Meinung nach besonders gut, da die Polarität der Tierfiguren für die Kinder von Anfang an faßbar war. Aus dem Unterricht der Grundschule war den meisten bereits bekannt, daß die Tiere in der Fabel nicht nur sprechen sondern auch stellvertretend für die Menschen handeln. Auch der Wendepunkt, der jeder Fabel eigen ist, war an dem ausgewählten Text schnell auszumachen. Damit wurden in dieser Stunde die wesentlichen Funktionen der Textgattung Fabel erarbeitet.

Als Hausaufgabe erhielten die Kinder den Auftrag, aus von uns bereitgestellten Materialien eine Maske ihres Lieblingsfabeltieres anzufertigen. Diese Hausaufgabe fand uneingeschränkte Begeisterung. Immer wieder habe ich festgestellt, daß von Aufgabenstellungen, die für den Deutschunterricht ungewöhnlich sind, eine hohe Motivation ausgeht, die man viel öfter nutzen sollte.

TISCH 1

Stellt euch vor, ihr wärt der Löwe im ersten Teil der Fabel!

1. Wie fühlt ihr euch?

2. Wie sieht euch eure Umwelt?

3. Was denkt wohl das Mäuschen?

TISCH 2

Ihr seid jetzt das Mäuschen im ersten Teil der Fabel!

1.) Wie fühlt ihr euch?

2.) Wie sieht euch eure Umwelt?

3.) Was denkt wohl der Löwe von euch?

TISCH 3

Ihr seid jetzt der Löwe im zweiten Teil der Fabel! Versetzt euch in seine Situation!

1.) Wie fühlt ihr euch?

2.) Wie sieht euch eure Umwelt?

3.) Was denkt wohl die Maus?

TISCH 4

Eure Gruppe ist jetzt die Maus im zweiten Teil der Fabel!

1.) Wie fühlt ihr euch?

2.) Wie sieht euch eure Umwelt?

3.) Was denkt wohl der Löwe von euch?

4. Stunde: *Ist der Löwe wirklich immer stark?* (Doppelstunde)
Wir erarbeiten die Charaktereigenschaften der Fabeltiere

Ziele: Die Schülerinnen und Schüler sollen

- Eigenschaften der Fabeltiere sammeln und auf Folie schreiben
- die antithetische Struktur von Spieler und Gegenspieler erkennen
- erkennen, daß die Fabeltiere typisch menschliche Verhaltensweisen symbolisieren und entlarven wollen

Die von den Kindern angefertigten Masken machten wir zur Grundlage dieser Stunde. Die meisten der Schülerinnen und Schüler hatten Tiermasken gewählt, die den traditionellen Fabeltieren – die sie ja bereits aus dem Unterricht kannten – entsprachen, also Wolf, Lamm, Löwe usw.

Zu Beginn der Stunde stellten die Kinder „ihr" Fabeltier vor, indem sie mit der jeweils erstellten Maske vor die Klasse traten und erzählten, welche Rolle ihrer Meinung nach das jeweilige Tier verkörperte. Es stellte sich heraus, daß sie nicht der Ansicht waren, daß z. B. Löwe und Wolf immer die Starken sein müßten, sondern daß diese durchaus auch einmal die Unterlegenen sein konnten, oder daß der Esel z. B. keineswegs immer in der Rolle des Dummen gesehen wurde.

Anhand der Masken legten wir uns auf acht Fabeltiere fest,die wir miteinander vergleichen wollten. Wir wählten: Wolf, Schaf / Lamm, Rabe, Fuchs, Esel, Maus, Löwe und Hase für diese Arbeitsphase aus. Aus Bilderbüchern,die die Kinder mitgebracht hatten, zeichneten sie die ausgewählten Tiere auf Folien ab.

Jede Tischgruppe erhielt nun zwei divergente Tiere aus einer bekannten Fabel, denen die Gruppenmitglieder Charaktereigenschaften zuordnen sollten, indem sie passende Adjektive suchten. Als die Schülerinnen und Schüler ihre Arbeitsergebnisse vortrugen, hatten sie nicht nur viele passende Bezeichnungen für die jeweiligen Fabeltiere gefunden, sondern auch festgestellt, daß die in den Fabeln benutzten Tiere sich jeweils gegensätzlich gegenüberstanden. Auf einem Arbeitsblatt wurden die Ergebnisse gesammelt.
Hausaufgabe: Schreibt die Merkmale der Fabel auf und entwickelt einen Merksatz!

5. Stunde: *Fabeltheater*
Wir gestalten Fabeln als Rollenspiel
Ziele: Die Schülerinnen und Schüler sollen

- den Inhalt verschiedener Fabeln sowie den divergenten Charakter der Fabeltiere emotional erfahren
- Charaktereigenschaften wie „dumm", „klug", „mächtig", „schwach" etc. im Spiel darzustellen versuchen
- die Struktur der Fabel spielerisch „erspüren"
- durch das Spiel erfahren, daß eine Fabel immer eine Handlungs- bzw. Erzählphase und eine Redephase enthält.

Die Schülerinnen und Schüler erhielten gruppenweise den Auftrag, „ihre" Fabel noch einmal gründlich zu lesen und sich in der Gruppe zu überlegen, wie man diese Fabel spielen könnte. Die Gruppen sollten hierbei selbständig die Rollen verteilen, sich überlegen, welche Requisiten gebraucht wurden und welche Masken sich am besten für das Spiel eigneten. Es war von vornherein verabredet worden, daß alle Masken für alle Kinder zur Verfügung stehen sollten, da die zu verkörpernden Tiere nicht unbedingt identisch waren mit der selbst hergestellten Maske. Während die einzelnen Gruppen ihre Fabeln vorspielten, sollten die Klassenkameraden versuchen, den Lehrsatz der vorgestellten Fabel zu erraten.

Bis auf eine Gruppe gelang es allen „Schauspielern", ihre Fabel so darzustellen, daß die Klasse ohne größere Schwierigkeiten den entsprechenden Lehrsatz finden konnte. Die Gruppe, der dies nicht gelungen war, erhielt dann von Seiten der Mitschüler Tips und Ratschläge, wie sie ihr Spiel verbessern könnte. Zum Schluß gelang es auch diesen Schülerinnen und Schülern, den Inhalt ihrer Fabel klar zum Ausdruck zu bringen. Allerdings hatten sie sich eines Hilfsmittels bedient, indem sie in ihr Spiel die Rolle eines Erzählers einbauten, der in schwer darzustellenden Phasen auftrat. Rein gefühlsmäßig also hatten die Kinder erfaßt, daß Erzähl- und Redephase in der Fabel vorhanden und dadurch auch voneinander getrennt darstellbar sind.

6. Stunde: *Träumen – Lesen – Erzählen*
Wir schreiben ein Klassenfabelbuch
Ziele: Die Schülerinnen und Schüler sollen

- aus dem bisher Gelernten alles Wesentliche für „den Bau“ einer eigenen Fabel zusammenstellen
- sich selbst Fabeltiere mit antithetischen Eigenschaften ausdenken
- eine mögliche Lehre für ihre Fabel suchen
- selber eine Fabel schreiben
- ihre Texte nach vorgegebenen Korrekturhinweisen überarbeiten
- den überarbeiteten Text in einen PC eingeben
- den fertig ausgedruckten Text nach eigenen Vorstellungen illustrieren

Mit der Thematik „Wir schreiben ein Klassenfabelbuch“ griffen wir einen Wunsch der Schülerinnen und Schüler dieser Klasse auf, die bereits im 5. Schuljahr einmal mit viel Freude ein „Klassenmärchenbuch“ verfaßt hatten.

Zunächst entwickelten wir ein sog. „Rezept zum Schreiben einer Fabel“, in dem festgehalten wurde, worauf die Kinder zu achten hatten. Nach den vorangegangenen Stunden waren nun fast alle Schülerinnen und Schüler in der Lage, die wichtigsten „Zutaten“ zu diesem Rezept aufzuzählen:

- Tiere als Hauptfiguren
- der Inhalt muß auf das Notwendigste beschränkt sein
- Darstellung von Gegensätzen
- Lehre am Schluß
- Zeitstufe Präteritum

Diese gemeinsam erarbeiteten Kriterien wurden festgehalten, weil sie später als Bewertungsgrundlage für die fertigen Arbeiten herangezogen werden sollten.

Die Schülerinnen und Schüler erhielten nun die Aufgabe, die Vorbereitungen zu treffen, die das spätere Schreiben des Textes erleichtern sollten. Diese Arbeitsgänge kannten sie noch von der Herstellung des Märchenbuches. Jedes der Kinder sollte sich zunächst die Tiere ausdenken, die in seiner Fabel eine Rolle spielen sollten. Zu diesen Tieren sollten Eigenschaften gesammelt werden, die in Wortlisten festgehalten wurden. Wortlisten wurden weiterhin für die Verben in Form von Wortfeldern angelegt. Außerdem legten wir als Hilfe für alle, aber besonders für die

Die Fabel

Eine Fabel ist eine kurze Geschichte, in der Tiere wie Menschen handeln und sprechen.

Jedes Tier hat in der Fabel eine menschliche Charaktereigenschaft: listig, faul, dumm....

Der Verfasser einer Fabel will den Menschen einen guten Rat geben. Er tut dies auf liebenswürdige Weise, indem er nicht nur belehrt, sondern auch unterhält.

Die Merkmale der Fabel

1. sprechende Tiere als Stellvertreter für Menschen

2. Fabel hat zwei Teile und einen Wendepunkt

3. Lehrsatz am Schluß

4. Gegensätze werden dargestellt (z.B. stark - schwach)

Merksatz

Fabeln sind Geschichten mit Tieren, die sprechen und sich wie Menschen verhalten. Die Tiere stehen als Stellvertreter für die Menschen.

Fabeln enthalten eine Lehre, die den Menschen zeigt, wie sie sich verhalten sollen.

schwächeren Mitschüler, eine Liste mit möglichen Lehren an. Alle diese Vorbereitungen sollten den späteren Schreibprozeß erleichtern. Und zu Hause ging's dann ans Erfinden! Endlich!

In der nächsten Stunde stellten die Kinder ihre Fabeln vor. Schwierigkeiten wurden an einigen Beispielen gemeinsam besprochen:

- Ist die Geschichte verständlich (logisch) aufgebaut?
- Entsprechen die Tierfiguren den Anforderungen?
- Ist die gewählte Lehre passend?
- Wie sieht die sprachliche Gestaltung aus (Satzbau, Wiederholungen etc.)?

Im einzelnen wurden die Besprechungen dann in den Tischgruppen fortgesetzt, wobei Frau Wolters und ich beratend zur Seite standen.

In dieser Klasse stellten die Schülerinnen und Schüler übereinstimmend fest, daß hinsichtlich der Zeichensetzung bei der wörtlichen Rede – und zwar vor allem bei Redeteilen mit eingeschobenem Begleitteil – Schwierigkeiten bestanden und auch die Bildung des Präteritums nicht von allen sicher beherrscht wurde. Zu diesen beiden Problemen schoben wir also noch Übungsstunden in die Reihe ein, auf die hier aber nicht gesondert eingegangen werden soll, weil diese Problematik in jeder Klasse unterschiedlich sein dürfte.

Schließlich war es dann soweit, und unsere Fabeln waren im Konzept fertig. Und jetzt begann eine ganz spontane Unterrichtsphase. Die Fabeln sollten nämlich in den Computer eingetippt werden! Mit vor Erwartung hochroten Wangen und motiviert bis in die Fingerspitzen nahmen die Schülerinnen und Schüler im Informatikraum jeweils zu zweit vor einem PC Platz. Nachdem ich ihnen erklärt hatte, wie das Gerät zu bedienen sei und wie sie das Programm abrufen konnten, ging es los.

Die Kinder arbeiteten jeweils mit ihrem Partner, d. h. einer diktierte und kontrollierte auf dem Bildschirm, ob richtig geschrieben wurde und der andere schrieb. Wir hätten uns jede Rechtschreibübung ersparen können, denn auf einmal war es völlig selbstverständlich, das Wörterbuch zu benutzen oder im Regelheft zur Zeichensetzung nachzuschlagen, ob auch die Kommas an der richtigen Stelle gesetzt waren oder etwa fehlten. „Wir können nichts drucken, was falsch ist!" Eine Erkenntnis, um die sich jeder Lehrling jahrelang bemüht – am Computer wurde sie den Kindern auf einmal aus sich heraus einsichtig!

In der nachfolgenden Stunde sollten die Kinder Illustrationen für ihre Fabel herstellen. In der Wahl der Materials wurden ihnen hier keine Beschränkungen auferlegt. Ob sie also Buntstifte, Filzstifte, Tusche, Bleistift oder Wasserfarben benutzen wollten, war ganz in ihr Ermessen gestellt. Zum Schluß wurden Texte und Bilder für jedes Kind abgezogen und zwischen zwei dünne, farbige Pappseiten geheftet. Auf die vordere Seite schrieben die Kinder den Titel unseres Buches – auf den wir uns vorher gemeinsam geeinigt hatten – sowie als Autoren die Klasse 6a und als Herausgeber die St.-Benedikt-Schule. Auch das Titelblatt wurde dann mit einer Zeichnung versehen, die der Verschönerung des ganzen Buches diente, auf das die Kinder mit Recht stolz waren.

Der Löwe und der Hase

Ein starker Löwe lebte im Wald und fraß am Tag zwei Tiere. Die Tiere hatten aber keine Lust gefressen zu werden. So gingen sie eines Tages gemeinsam zum Löwen und sagten: „Ab morgen brauchst du uns nicht mehr zu jagen. Wir schicken dir jeden Tag ein Tier, das sich freiwillig von dir fressen läßt, damit du satt wirst.“ An einem schönen Morgen spielt eine Hase mit seinen Kindern vor seinem Bau. Der Fuchs kam zu ihnen und sagte: „Hase, heute bist du dran!“ Der Hase machte sich auf den Weg zum Löwen. Unterwegs guckte er in einen Brunnen und sah sein Spiegelbild im Wasser. Als er endlich bei dem Löwen ankam, fragte dieser knurrend: „Wieso kommst du jetzt erst? Wo sind die anderen Hasen?“ Der Hase antwortete: „Unterwegs trafen wir einen anderen Löwen. Der hat die Hasen gefressen und behauptet, er sei der stärkste Löwe hier im Wald.“ Der Löwe sagte: Ich werde ihm schon zeigen, wer hier der Stärkste ist!“ Der Hase führte den Löwen zum Brunnen. „Da drinnen ist der Löwe. Bitte, nimm mich auf den Arm, ich habe Angst!“ Der Löwe nahm den Hasen auf den Arm und schaute in den Brunnen. Im Wasser sah er das Spiegelbild von sich und dem Hasen. „Siehst du, da ist der andere Löwe mit deinem Mittagessen!“ sagte der Hase und sprang vom Arm des Löwen. Der Löwe aber sprang in den Brunnen, weil er den Rivalen töten wollte. Da sagte der Hase: „Ja, man muß erst denken und dann etwas tun!“

Arasch Eskandarpour

Trudi Schutte

„Ben liebt Anna": Handlungsbezogener Umgang mit „Ganzschriften"

Üblicherweise wird das Lesen in der Schule an kurzen Text-Stücken erlernt und geübt. Die verbreitete Praxis, Lesebücher im Unterricht zu benutzen, bietet vielen Schülerinnen und Schülern die einzige Form der Begegnung mit gestalteter Sprache. Literatur wird bruchstückhaft vermittelt.

Das Erlebnis, sich ausführlich lesend einen Inhalt zu erschließen, sich in ein Buch von literarischer Qualität einzulesen und einzuleben, soll hier am Beispiel des Kinderromans „Ben liebt Anna" von Peter Härtling dargestellt werden. Dieses Buch eignet sich besonders für Schülerinnen und Schüler zwischen 8 und 12 Jahren.

- Die Kinder können sich in diesem Alter sehr gut mit den handelnden Personen und deren Umfeld identifizieren.
- Die Geschichte wirkt alltäglich und poetisch zugleich. Sie kann mit großer innerer Anteilnahme verfolgt werden.
- Sprache und Handlungsführung sind leicht verständlich und dennoch literarisch gestaltet.
- Der Umfang des Buches wirkt auch auf „Nichtleser" ermutigend, zumal die Lektüre durch einige Illustrationen aufgelockert wird.
- Aufmachung, Titel und Titelgrafik sind schon äußerlich ansprechend.
- Das Buch ist in einer preiswerten Taschenbuchausgabe erhältlich und kann von allen für den eigenen Besitz erworben werden.
- Der Autor Peter Härtling hat noch weitere Bücher für diese Altersstufe geschrieben, so daß auch der Autor selbst in den Mittelpunkt des Interesses gerückt werden kann.

Beschreibung der Unterrichtssequenz

Im Mittelpunkt der Unterrichtssequenz standen das Lesen und das sprachliche Handeln (mündlich und schriftlich) mit dem und um das Buch herum.

Mit dem Austeilen der Bücher erhielten die Schülerinnen und Schüler einen Elternbrief, in dem der Inhalt des Buches kurz erläutert wurde und die Eltern aufgefordert wurden, das Buch auch selbst zu lesen (ca. 2-3 Stunden Lesezeit für Erwachsene) und ihren Kindern eigene Erlebnisse aus ihrer Kindheit zu erzählen.

Es galt, zwei oft von Erwachsenen zu hörende Äußerungen zu widerlegen, die Peter Härtling im Vorwort so formuliert:

„Manchmal sagen Erwachsene zu Kindern: Ihr könnt noch gar nicht wissen, was Liebe ist. Das weiß man erst, wenn man groß ist.

Dann haben die Älteren eine Menge vergessen, wollen mit euch nicht reden oder stellen sich dumm."

Eine Woche Lesezeit wurde vorgegeben (Mittwoch bis Mittwoch). Mit dem Austeilen der Bücher wurden zunächst gemeinsam Titelbild, Klappentext und Impressum betrachtet und im Gespräch erläutert.

Im zweiten Teil dieser Doppelstunde konnten die Kinder ganz frei einzeln oder mit Partnern in dem Buch blättern, die Zeichnungen betrachten, einzelne Stellen lesen. Große Freude kam auf, als die Kinder entdeckten, daß Ben eine „Meersau" mit Namen Trudi besitzt (so heißt auch ihre Lehrerin mit Vornamen).

Bis alle Schülerinnen und Schüler das Buch gelesen hatten, wurden einige vorbereitende Gespräche über Gefühle, Liebe und das erste Verliebtsein von Kindern angeregt:

- zum Thema „Gefühle" wurden Wörter gesammelt und anschließend Charade gespielt (ein Kind erhielt einen Zettel mit einem Begriff und sollte ihn pantomimisch darstellen, die anderen sollten den Begriff erraten),
- das Gespräch über Liebe mündete in kurzen Definitionen, die die Kinder auf rosa Herzen schrieben (siehe M 1).

- zum ersten Verliebtsein erzählten die Kinder sehr offen und erstaunlich ernst zumeist Geschichten aus der Kleinkind- bzw. Kindergartenzeit.

Derartig eingestimmt wurde den Kindern das „Gedicht in Bi-Sprache“ von Joachim Ringelnatz vorgestellt. Sie wurden aufgefordert, selbst ein „Liebesgedicht“ zu schreiben. Dazu wurden verschiedene Techniken angeboten (siehe M 2). Es konnte aber auch frei gedichtet werden.

(Techniken zum „Selberdichten“ finden sich in: Karin Heinrich, „Lyrik für Kinder“ und in: Walter Hövel, „Freie Texte selber schreiben“, beide Karteien sind erschienen im Verlag an der Ruhr, Postfach, 4330 Mülheim / Ruhr und von dort zu beziehen).

Nach der Lesephase wurden die Kinder zunächst aufgefordert, die Stellen vorzulesen, die ihnen besonders gut gefallen haben und diese Entscheidung zu begründen. Daraus entstanden sehr intensive Gespräche, in denen der Text sowohl inhaltlich als auch formal gewürdigt wurde.

Besondere Aufmerksamkeit fanden Textstellen, die die Entwicklung von Gefühlen beschreiben. Es entwickelten sich bei den Kindern ganz bestimmte Positionen der persönlichen Identifikation. Assoziative Verbindungen zu eigenen sozialen Erfahrungen im Schul- und Familienleben wurden im Gespräch ausgedrückt. Die handelnden Figuren, besonders die Hauptpersonen, standen im Mittelpunkt des Interesses.

Charakteristische Eindrücke über eine der beiden Hauptfiguren (wahlweise auch über beide) konnten die Kinder in ein vorgegebenes Raster eintragen, das einem Setzkasten ähnelt. Es konnte frei hineingeschrieben (Zitate, eigene Sätze) und hineingezeichnet werden (siehe M 3 und M 4).

Eine weitere Aufgabenstellung war ein Lückentext („Lesetest“ genannt), der so konzipiert war, daß eine kurze Nacherzählung des Inhalts chronologisch entstand. Der Lückentext wurde im Verlauf der Lektüre / der Unterrichtsarbeit bearbeitet, diente also nicht dem punktuellen „Abtesten“. (M 5 zeigt als Beispiel die erste Seite des „Lesetests“)

Zum Abschluß der Sequenz entstand bei einigen Kindern das Bedürfnis, sich auszuspinnen, wie die Geschichte wohl weitergehen könnte. Das Schreiben eines Textes wurde für alle angeregt. Einige Themen wurden zur Auswahl angeboten (die Texte anschließend nach Absprache mit den Kindern als Klassenaufsatz gewertet):

1. „Wie die Geschichte weitergeht"
   geeignete „Kapitelüberschrift" finden, z. B. „Ein Jahr später" oder „Ben und Anna schreiben sich" oder „Das Wiedersehen")
2. „Neu in der Klasse"
3. „Eine Freundschaft"
4. „Klingel doch endlich!" (Warten auf einen Anruf)

Alle schriftlichen Arbeitsergebnisse wurden von den Schülerinnen und Schülern mit einem Signet („Ben liebt Anna", siehe Materialien) versehen und zum Abschluß der Sequenz, nach dem Aushang an der Pinnwand in der Klasse, zu einem geeigneten Themenheft zusammengestellt.

Diese Dokumentation der eigenen Ergebnisse der Auseinandersetzung mit dem Buch und seinem Thema konnte mit weiteren frei entwickelten Illustrationen und Texten angereichert werden. Ein gestaltetes Titelblatt und ein Inhaltsverzeichnis für das Themenheft gehörten zu den Pflichtaufgaben.

So hatte jede Schülerin und jeder Schüler ein persönlich gestaltetes Produkt hergestellt. Spaß (und auch Anstrengung) der Lektüre hatten sichtbaren Ausdruck gefunden.

Peter Härtling: Ben liebt Anna
Beltz Verlag, Weinheim und Basel (Taschenbuchausgabe in der Reihe „Gullivers Bücher"), 77 S., DM 6,80

Klappentext:
„Manchmal sagen Erwachsene zu Kindern: Ihr könnt noch gar nicht wissen, was Liebe ist. Das weiß man erst, wenn man groß ist. Das ist nicht wahr. Auch Kinder kennen Liebe, und nicht nur die Liebe innerhalb der Familie. So geht es auch Ben und Anna, dem Aussiedlermädchen, das neu in die Klasse kommt. Ben und Anna haben sich eine Weile sehr lieb gehabt. Das ist schön, aber auch schwer . . ."

Übrigens:
Zu „Ben liebt Anna" gibt es ein Lehrerbegleitheft, erhältlich gegen eine Schutzgebühr von DM 2,– beim Beltz Verlag, Postfach 100154, 6940 Weinheim.

M 1

Liebe ist.....

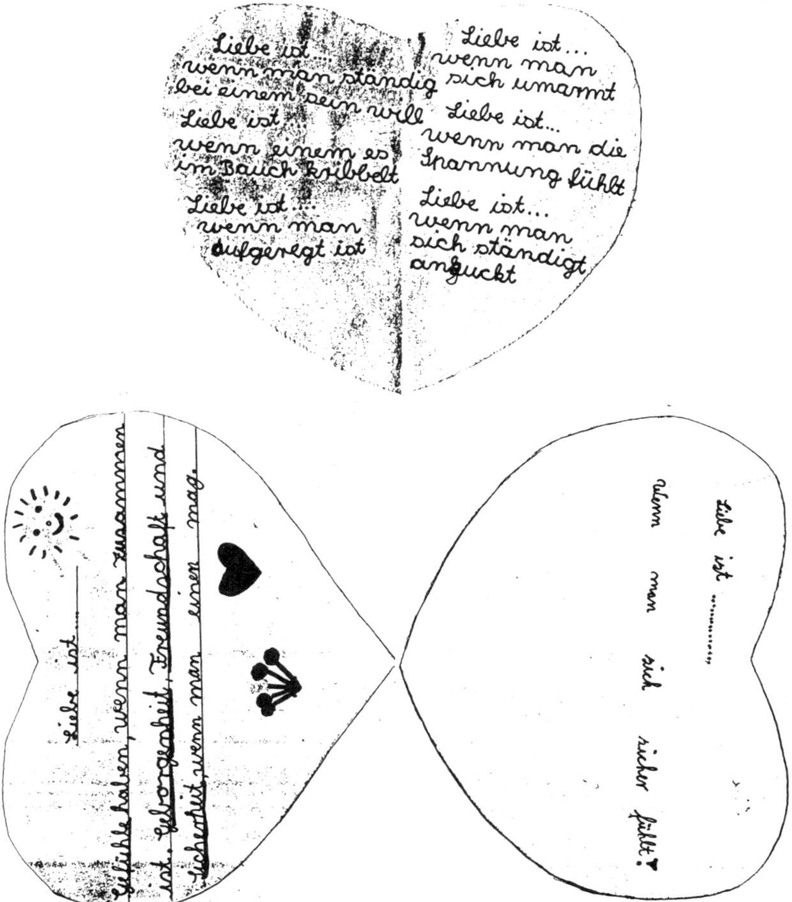
Liebe ist.... wenn man ständig bei einem sein will
Liebe ist wenn einem es im Bauch kribbelt
Liebe ist.... wenn man aufgeregt ist
Liebe ist... wenn man sich umarmt
Liebe ist... wenn man die Spannung fühlt
Liebe ist... wenn man sich ständigt anguckt
Liebe ist.....
Gefühle haben, wenn man zusammen ist. Geborgenheit, Freundschaft und Sicherheit, wenn man einen mag.
Liebe ist ....
wenn man sich sicher fühlt

M 2

Ben liebt Anna

Der Dichter Joachim Ringelnatz hat ein Liebesgedicht in der ,,bi"-Sprache geschrieben.

Gedicht in Bi-Sprache

Ibich habiebi dibich
Lobittebi sobi liebib.

Habist aubich dubi mibich
Liebib? Neibin, vebirgbib.!

Nabih obidebir febirn,
Gobitt seibi dibir gubit.

Meibin Hebirz habit gebirn
Abin dibir gebirubiht..

Kannst du diese ,,bi"-Sprache entschlüsseln? Versuche auch so ein Gedicht zu schreiben!
Du kannst dir auch eine andere Geheimsprache ausdenken. Hast du eine Idee?

Du kannst ein Liebesgedicht aber auch so erfinden:
Nimm die Buchstaben eines Namens oder eines Gefühlswortes. Schreibe sie untereinander und versuche passende Worte anzubringen.

M eine allerliebste
u nd beste
t reue und gute Mutti
t räum
e inen schönen Traum
r uh dich aus!

A nton hab ich lieb
n iemals werd ich ihn vergessen
t rotzdem ist er oft nicht nett zu mir
o hne mich ist Anton traurig
n iemals werd ich ihn verlassen

M 2

Vati ich hab dich Lieb,
a ber du mich auch?
t anzt du heute mit mir,
e deler Vater?
r asier dich nur!

H ans ich mag dich
u nd du mich nicht
n ein du magst mich nicht
d ann mag ich dich auch nicht mehr

Zweibi Pobinibis ibim Stabillebi
diebi Liebibebin sibich sobi sebihr
dobich dibich Liebie Nabidibinebi
dibich Liebiebin siebi nobich mebihr.

Ben liebt Anna

Bebin liebbit Anbina
Anbina liebbit Bebin
siebi konbinen nibicht zubisambimenbi
siebi müsbisenbi sibichbi trenbinenbi

Ben liebt Anna

M 3

Ben liebt Anna

Name Datum

Alles über **Ben**

M 4

Ben liebt Anna

Name: Marle   Datum

Alles über Anna

Anna trägt altmodische lange Kleider.

Anna hat sechs Geschwister.

Anna hat keine Freundin.

Anna hat ein kleines Holzhäuschen, an einem Bahndamm.

Anna liebt Ben.

Anna hat große braune Augen, die Ben gerne sieht.

Anna hat einen dicken Zopf.

Anna kommt aus Katowice.

Anna hatte Ben ausgelacht.

Anna schläft zu siebt in einem Zimmer.

Anna ist aber deutsche.

Anna wohnt in einer Baracken Wohnung.

Anna weint nicht ohne Grund.

Anna findet die Meersau Trudi ganz süß.

Anna hat einen Brief von Ben gekommen.

Ben liebt Anna

Name   Datum

Alles über Ben

Ben macht sich für Anna schön

Ben hat einen Bruder, der heißt Holger

Ben fand Anna scheußlich

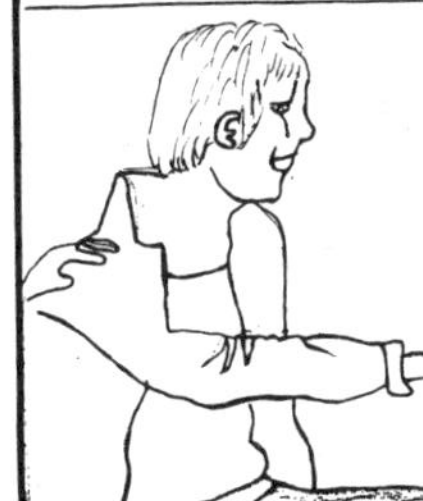

Bens Meerschwein heißt: „Die Meersau Trudi. Bens Mutter arbeitet in einer Klinik

Ben liebt Anna.

Onkel Gerhard ist Erfinder und Chemiker.

Ben ist in der Schule schlecht.

Ben ist in der Schule schlecht.

Holger ist in der Schule ein As. Ben frischt die Freundschaft mit Bernhard wieder auf.

Ben gibt Anna einen Kuss

Ben trägt gerne Jeans.

Ben schreibt einen Brief für Anna.

Ben zieht sich nakt aus und geht vor Anna ins Wasser

Ben taucht mit Anna unter Wasser

Ben kommt zu Anna nach Hause.

M 5

Ben liebt Anna

Name ____________ Datum ____________

Der Autor des Buches heißt: ______________________

Ben ist im vierten Schuljahr. Anna ist neu in die Klasse gekommen. Sie lebte vorher in ____________ . Der Klassenlehrer heißt Herr ____________ .
Bens bester Freund heißt ______________________ .
Ben hat einen großen Bruder. Er heißt ____________ .
Seine Mutter heißt ____________ .
Sein Vater heißt ____________ . Ben heißt Benjamin K ____________ .
Anna hat ____________ Geschwister. Anna heißt Anna M ____________ .

1. Kapitel S. 7: Ben stellt eine Frage:

Ben fragte Holger: „Wie is'n das, wenn man verknallt ist?"
Holger antwortete: „Wenn man verknallt ist, dann ______________________

____

____

2. Kapitel S. 11: Anna

Die Kinder in der Klasse konnten Anna nicht leiden. Zuerst saß sie neben Katja am Tisch. Nach ein paar Tagen mußte Katja den Platz mit ________ tauschen. In der Pause warf Ben mit einem Tennisball nach Anna. Er traf sie mitten auf die ____________ . Später ging er zu ihr und ______________

____

____

3. Kapitel S. 17: Warum Bernhard mit dem Hintern heult

Die Jungen hänselten Ben. Bernhard machte ihn sogar eifersüchtig und sagte: „Ich geh jetzt mit der Anna." Ben mußte sich rächen. Er legte Bernhard einen Aufkleber auf den Stuhl. Die ganze Klasse lachte, als Bernhard zur Tafel gehen mußte. Herr Seibmann bestrafte Ben. Er mußte ________

____

4. Kapitel S. 23: Holger petzt

Holger erzählte den Eltern: „Ben hat ______________________ .
Ben wollte schnell weg. Er drückte sich an Holger vorbei und ging ins

____

5. Kapitel S. 27: Wo Anna wohnt

Nach der Schule folgte Ben Anna bis zu ihrer Wohnung. Sie lebte mit ihrer Familie in einer Baracke. Sie hatte nur ____________ Zimmer. Annas Vater hatte keine Arbeit. In Polen arbeitete er in den ______________________ .

M 6

Die Neue

Als Mimi und Nina in das Klassenzimmer traten, stand Frau Domal am Pul und redete mit einer Frau. ,,Ich freue mich, daß Klothilde hier in unsere Klasse kommen will", meinte Frau Domal. In der Klasse wisperte und kicherte es. ,,Klothilde, was für in Name", kicherte Markus. ,,Naja, Maladossa ist ja auch nicht das Beste. Ein Glück nennen mich alle nur Mimi", rief Mimi. ,,Und wie die aussieht, 'ne riesige Hornbrille, und sie ist dünn wie eine Bohne." ,,Ruhe!" schrie Frau Domal, ,,ich möchte euch eure neue Klassenkameradin vorstellen."

Hildes Mutter war jetzt gegangen. Kurz darauf schellte es zur Pause. Alle rannten auf den Schulhof. Nur Hilde nicht. Sie zitterte am ganzen Leib und schlurfte langsam zur Tür hinaus. Als sie dann auf dem Schulhof stand, schrien alle Kinder: ,,Kloi, die Bohne, Kloi, die Bohne. Brillenschlange, Hornochse, Hornochse." Dann aber trieb Nina es zu weit. Sie ging auf Hilde zu, die ängstlich in der Ecke stand und trat ihr gegen das Schienbein. Hilde zuckte zusammen und fing an zu weinen. Hilde tat Mimi leid. Sie ging zu Hilde und drückte ihre Hand. ,,Wir wollen Freunde sein." ,,Oh!" konnte Hilde nur sagen. Und eine Minute später war Hilde schon ganz vertraut. Aber Nina platzte fast vor Wut. Sie suchte sich lieber eine andere Freundin.

Klingel doch endlich!

Ich hatte mich in der Schule mit meiner Freundin verabredet. Sie hieß Nadine M. Nadine wollte mich um zwei Uhr anrufen. Ich war ganz aufgeregt. Ich bin in der ganzen Wohnung rumgerannt. Plötzlich hatte das Telefon geklingelt. Ich bin wie der Blitz zum Telefon gerannt. Ich nahm den Hörer auf und sagte:
,,Hier Jörn Tisch."
,,Hallo, hier auch."
,,Hallo Mutter."
,,Wie geht es dir?"
,,Ach, mir geht es gut, weil ich auf Nadine warte."
,,Ja, dann viel Spaß noch. Ich muß jetzt auflegen."
Kurz danach klingelte es wieder. Endlich, es war Nadine!
,,Kommst du auf den Schulhof?" fragte sie.
,,Ja okay, bis gleich!"
Wir hatten viel Spaß bis um sechs Uhr.
Meine Mutter fragte: ,,War es schön?"
,,Ja", sagte ich, ,,wir haben Fangen gespielt. Und bei dir?"
,,So wie immer. Jetzt essen wir erstmal Abendbrot."

Heide Rost

Theaterspielen als Zugang zu literarischen Texten

In einem 10. Schuljahr lasen wir vor ein paar Jahren als gemeinsame Klassenlektüre das Buch von Judith Kerr "Als Hitler das rosa Kaninchen stahl". Beim Abschlußgespräch sagte ein Schüler: "Das war das erste Buch, das ich gerne gelesen habe, weil ich es verstanden habe." Der Junge war 17 Jahre alt, das Buch war empfohlen worden für ein 7. oder 8. Schuljahr. Offensichtlich hatte dieser - sehr strebsame, fleißige - Junge nur deshalb bisher nicht gerne gelesen, weil die Sprache der vorgefundenen oder vorgelegten literarischen Texte für ihn zu schwierig war. Die literarische Sprache erwies sich als Verständnisbarriere. Diese Erkenntnis ist nicht neu: Immer wieder sehen sich Lehrer vor die Aufgabe gestellt, Texte vermitteln zu müssen, die die Schüler sprachlich überfordern. Für meine Arbeit entdeckte ich das Theaterspielen als eine gute Möglichkeit, geschriebene Sprache Schülern lebendig zu machen und die sprachlichen Fähigkeiten insgesamt zu fördern. Wenn ich im folgenden mein Vorgehen beschreibe, soll das gerade den Kolleginnen und Kollegen Mut machen, die noch nie mit ihren Klassen unter diesen Aspekten ein Theaterstück aufgebaut haben. Man schafft es auch ohne besondere Ausbildung für das Theaterspielen.

Der Anfang

Es bedarf keiner besonderen Maßnahmen, Klassen für ein Theaterstück zu motivieren. Allerdings muß ein Anlaß zu einer Vorführung gefunden werden, denn man spielt nicht für sich, sondern für andere. Ich rate ab, allein der Parallelklasse vorzuspielen - man ist sich zu nah. Der Anlaß für unser erstes Stück im 5. Schuljahr war ein ausgeschriebener Wettbewerb der Düsseldorfer Stadtbüchereien: "Theaterspielen nach Kinderbüchern". Im 7. Schuljahr nahmen wir uns vor, die 5. Schuljahre zu erfreuen und die Abschlußfeier für die 10. Schuljahre zu gestalten. Weitere Anlässe könnten sein: Vorführung in einem Seniorenheim, bei einer Weihnachtsfeier, als Willkommen für die neuen 5. Schuljahre, in einer anderen Schule, für einen Elternabend ...

Textauswahl

In die engere Wahl kommen literarische Texte, die den Schülern allein durch das schulübliche Lesen nicht zugänglich wären. So wählte ich für mein 5. Schuljahr das Kinderbuch von Willi Fährmann "Ein Platz für Kathrin", da es den Schülern zwar von der Problematik her vertraut sein würde (Kinder verstoßen ein Mädchen, das anders ist), jedoch für 10-jährige, besonders für die vielen Ausländerkinder, noch schwierig genug war in bezug auf die Zusammenhänge und die Ausdrucksweise. Ältere Schüler können sehr wohl an der Wahl beteiligt sein. Meinem 7. Schuljahr legte ich acht Texte vor, die wir natürlich nicht alle vollständig lesen konnten und wollten. Deswegen ließ ich fünf Gruppen bilden, die je 1 - 2 Bücher überfliegen und auf Spielbarkeit überprüfen sollten. Dann berichteten die Gruppen, etwa so:

- Die Vorstadtkrokodile: Das kennen wir schon aus dem Fernsehen. Außerdem haben wir gar nicht genug Schüler für die vielen Rollen.
- Das Flaschenteufelchen: Scheint spannend zu sein, ist aber für uns zu schwierig, es darzustellen, wie z.B. ein Teufel in der Flasche?
- Das kalte Herz: Das ist ja ein Märchen. Märchen sind uns zu kindlich.

Am Ende stand fest: Wir spielen "Das Gespenst von Canterville" frei nach Oscar Wilde. Die Schüler meinten, ein Stück mit Gespenstern sei immer spannend für die Zuschauer, außerdem scheine es witzig zu sein.

Das erste Lesen: Überblick gewinnen

Jeder Schüler besitzt nun ein Exemplar des Buches, und es beginnt das gemeinsame Lesen. Hierbei soll es noch nicht um völliges Verstehen gehen, sondern um ein erstes Kennenlernen, um die vordergründige Handlung, und selbst diese muß noch nicht von allen vollkommen überschaut werden. Was normalerweise mühsame Lesearbeit bedeutet, geschieht hier leichter, lustbetonter, denn wir können es uns leisten, auf die Feinheiten der Sprache, tiefergehende Interpretation und das Anliegen des Autors nur am Rande und bei Nachfragen einzugehen, da wir dazu bei der Aufstellung der Szenen und der Rollengestaltung gelangen. Allerdings gehört der Bleistift bei diesem ersten Lesen schon dazu, wir markieren unsystematisch, was später vielleicht wichtig werden könnte und uns das Nachschlagen erleichtern wird.

Das zweite Lesen: Szenenwahl

Unter "zweitem Lesen" verstehen wir nicht etwa ein nochmaliges Lesen des ganzen Textes. Wir wollen jetzt spielbare Szenen festlegen, müssen uns daher über das Geschehen klar werden. Dabei trifft der Lehrer eine gewisse Vorentscheidung, weil er die Belastbarkeit seiner Schüler kennt. Während das 5. Schuljahr nur 15 Minuten spielen sollte, wofür zwei Szenen ausreichten, sollte das 7. Schuljahr den ganzen Text szenisch gliedern. Nach dieser Vorgabe stöbern die Schüler das Buch durch. Was würde eine interessante Szene ergeben? Was muß man weglassen, weil es unwichtig oder nicht spielbar ist? Warum genau wollen die Nachbarkinder nicht mit Kathrin spielen? Wo steht das? Wo außerdem? Rückfragen an den Text sind zwingend notwendig, weil wir nur dann eine Szenenfolge sinnvoll aufbauen können, wenn uns der Inhalt klar ist. So sah das Ergebnis aus:

"Ein Platz für Kathrin"

Szene 1:	Wie Kathrin verstoßen wird
Szene 2:	Wie die Puppen Kathrin helfen
Sprecher:	Soll die Szenen verbinden und Ausblicke andeuten

"Das Gespenst von Canterville"

Szene	1:	Familie Otis kommt auf Schloß Canterville
Szene	2:	Familie Otis lernt das Gespenst kennen
Szene	3:	Das Gespenst erinnert sich seiner Untaten
Szene	4:	Virginia spricht mit dem Gespenst
Szene	5:	Böse Geister bedrohen Virginia
Szene	6:	Das Gespenst wird erlöst

Das dritte Lesen: Rollen- und Szenengestaltung

Für die Schüler beginnt jetzt ein Abschnitt, der ihnen am meisten Spaß macht. Die Szenen werden völlig frei - ohne Buch - aus der Vorstellung heraus gespielt, und zwar von allen, die sich für die Rollen interessieren. Im Vergleich stellt sich schon sehr früh heraus, wer für welche Rolle am besten geeignet ist. Unter "Rolle" verstehen wir übrigens auch die Aufgaben, die kein Sprechen auf der Bühne verlangen, etwa die Rolle des Beleuchters, des Dekorateurs, des Bühnenarbeiters, des Musikfachmanns usw. Das Ganze muß so aufgehen, daß jeder in der Klasse eine Aufgabe erhält. Im wiederholten Sprechen und Spielen und durch Nachlesen im Buch formt sich allmählich eine brauchbare mündliche Spielvorlage. Die Notwendigkeit des Nachlesens ist auch jetzt den Kindern einsichtig, wie folgende Beispiele zeigen:

- Sevim spielt Frau Otis überspitzt damenhaft und geziert. Sie ändert ihre Spielweise, nachdem wir im Text belegt fanden, daß Frau Otis eine praktisch denkende, vernünftige Frau war.
- Die zweite Szene in "Ein Platz für Kathrin" spielen die Kinder zunächst genauso frech und lustig wie die erste Szene. Im Buch jedoch wird die Atmosphäre romantisch geschildert, man muß umdenken.
- Nicht nur die Schauspieler schauen ins Buch, die Kulissenbauer informieren sich, wie Kathrins Zimmer aussah bzw. die Bibliothek auf Schloß Canterville; die Beleuchter müssen sich erkundigen, welche Stimmung sie mit farbigem Licht erzielen wollen.

In dieser Phase leisten die Schüler sehr viel bezüglich Sprachbetrachtung, Charakterisierung, Interpretation usw., ohne es als belastend zu empfinden, denn der Rückgriff auf den Text ist eingebettet in natürlich sich ergebende Arbeits- und Spielsituationen. Dem Lehrer ist bewußt, daß mit dieser Methode nicht alle Schüler alles erfassen werden, was allerdings auch nicht sein muß, da man Texte auf verschiedenen Ebenen erfahren und erleben kann.

Das Spielbuch

Die Ergebnisse der Überlegungen und Versuche, die besten Spieltexte und Regieanweisungen zu finden, hält am besten der Lehrer selbst fest, indem er genau hinhört, wie die Kinder formulieren, und dann mit einigen notwendigen Verbesserungen das Spielbuch schreibt. Mündliche und schriftliche Sprachkompetenz entsprechen einander in diesem Alter noch nicht; es wäre eine Überforderung, wenn die Kinder aufschreiben müßten, was sie auf der Bühne so natürlich zu formulieren wußten. Dieses erste, vom Lehrer verfaßte Spielbuch erhält jeder Schüler der Klasse in Abzügen und verändert es während der Proben individuell, so daß ein zweites Spielbuch aus dem ersten erwächst: Der Musikfachmann schreibt sich dazwischen, wann er mit welcher Musik einsetzen muß; der Beleuchter markiert den Einsatz der Lichtquellen; andere halten Regieanweisungen fest, ersetzen ihnen unpassende Wendungen durch neue, streichen durch, verändern, ergänzen. Die Theatermappen (Schnellhefter mit Skizzen, Texten, Ideen usw.) sehen schließlich recht unordentlich aus, zeugen aber von eifriger Arbeit.

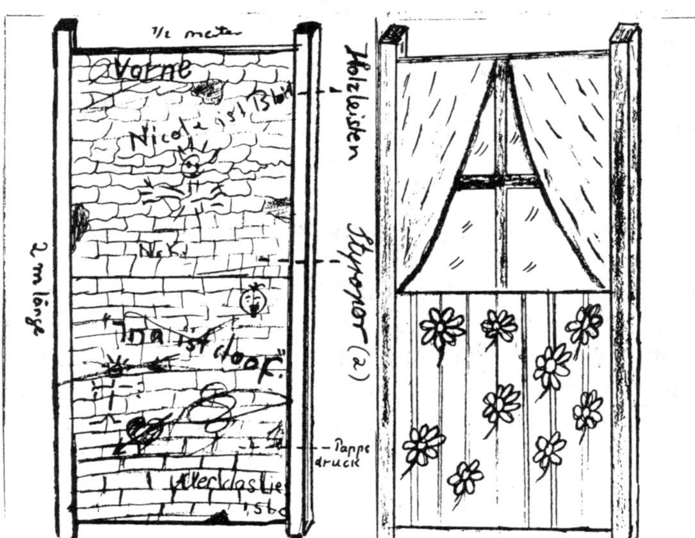

Kulissen, Requisiten, Kostüme

Während der Proben ergeben sich Hinweise auf das, war zur Inszenierung an Requisiten, Kostümen und Kulissen benötigt wird. Die Ideen werden in der Theatermappe notiert und bei Gelegenheit besprochen. Dabei unterscheiden jüngere Schüler noch nicht zwischen dem Möglichen und Nichtmachbaren. Sie haben ja die tollsten Fantasien zu Bühnenbildern, technischen Finessen und aufwendigen Kostümen. Es wäre falsch, den Kindern diese Fantasien auszureden. Sie zeichnen besser ihre Ideen zu Bühnenbildern und Kostümen auf und entdecken dabei selbst, was machbar ist. Sie erfahren, daß drei große Styroporplatten, bedruckt mit schwarzem Mauermuster und Kritzeleien, durchaus den Eindruck erwecken: Das ist ein Hinterhof. Die Rückseite der Platten ist beklebt mit Tapete und zeigt ein aufgemaltes Fenster und angehängte Spielsachen: Kathrins Kinderzimmer ist komplett. Auch bei den Kostümen werden schnell Abstriche gemacht, denn wer soll sie nähen? Eltern sind dazu selten bereit. Hat sich ein Lehrer für das Theaterspielen entschieden, muß er sich darauf einstellen, selbst einen großen Teil aller Requisiten und Kleidungsstücke zu organisieren. Vielleicht hat er so viel Glück wie ich. In "Ein Platz für Kathrin" sollten sechs Puppen lebendig und durch sechs Kinder dargestellt werden. Es war also ganz wichtig, daß die Puppen und ihre späteren Darsteller genau gleich aussahen. Eine nette Kollegin ließ sich die Kleider der Kinder zeigen und nähte danach die entsprechenden Puppenkleider. Die Wirkung war großartig.

Die Puppen-darstellerin Saniye mit der Puppe Ursula

Musik

Richtig ausgewählte Musik steigert den Wert einer Aufführung. Manche Schwächen werden überdeckt, Zuschauer geraten in die gewünschte Stimmung, Spieler geben sich gelöster. Die Auswahl gelingt sicher, wenn man eine genaue Vorstellung von der Wirkung hat. Im 5. Schuljahr wählte ich für den Puppentanz das bei Kerzenlicht sehr romantisch wirkende italienische Liedchen "Tic-e-tic-e-toe", für den mitreißend wirken sollenden Abschlußtanz das griechisch-rythmische "Pera stus pera kampus" - beides auf der Begleitkassette zu "Unterricht für ausländische Schüler, Heft 5, Wir singen eure Lieder". Für "Das Gespenst von Canterville" war die Wahl zuerst schwierig, da sich meine Auffassung von passender Musik von der der Klasse erheblich unterschied. Nach einem Kompromiß (Den Geistertanz durfte die Gruppe allein gestalten, man nahm Musik von Michael Jackson) sah der Musikplan so aus:

1) Musik zu den Szenenwechseln: Clever People and Crocers / Mikis Theodorakis
2) Einzug der Familie Otis: Wenn die Sonne scheint in Texas / Schlager
3) Auftreten des Gespenstes: Marcia funebre / Helmut Qualtinger
4) Tanz des Dienstmädchens: Kriminaltango
5) Tod des Gespenstes: The full Catastrophe / Mikis Theodorakis

Da Schüler die Aufgabe haben, die Musik im genau passenden Augenblick ein- und abzusetzen, empfiehlt es sich, für jeden Einsatz eine eigene Kassette zu überspielen, andernfalls entstehen leicht Fehler.

Die Proben

Jede einzelne Probe zur Erarbeitung der Aufführung gestaltet sich notwendigerweise sehr verschieden. Gemeinsam ist allen, daß der Organisation viel Aufmerksamkeit zu widmen ist, denn nie tun alle das Gleiche. Während eine Gruppe auf der Bühne probt, malen andere an den Kulissen, schreiben Requisitenlisten, erarbeiten ein Zuschauerquiz, schreiben Programmentwürfe, beobachten kritisch die Spieler und notieren ihre Kritik. Diese Vielfalt bewirkt, daß auch selten alle das Gleiche lernen. Regelmäßig überpüft jedoch der Lehrer anhand der zu führenden Theatermappen, in welchem Umfang, in welcher Art und in welcher Qualität der einzelne Schüler schriftliche Aufgaben festgehalten hat.

Die Aufführung

Kurz vor der Aufführung, wenn die Zuschauer bereits im Saal sitzen, knistert es vor Aufregung, ob alles klappt. Aber es wird garantiert ein Erfolg, Pannen sind fast ausgeschlossen. Da die Kinder ihre eigene Sprache sprechen und keine auswendig gelernten, künstlichen Texte, gibt es keine Versprecher. Hinter der Bühne hängen überall, für Zuschauer unsichtbar, mit Tesafilm befestigt, von den Schülern selbst verfaßte Merkzettel. Und die Kostüme und Requisiten lagen schon am Vortag übersichtlich griffbereit. Eine zusätzliche Erfahrung machen die Kinder, wenn sie ihr Stück vor verschiedenem Publikum spielen. Die Atmosphäre ist immer anders. Die Schüler lernen, daß man sich auf Adressatengruppen einstellen muß. So erreichen sie ein begeistertes Mitgehen der 5. Schuljahre durch ein vorher angekündigtes Quiz mit Fragen zu dem Stück und dadurch, daß nach der Aufführung die ganze Theatergruppe auf der Bühne die Quizbögen auswertet. Solch ein Quiz konnte man bei der Entlaßfeier nicht veranstalten, da war die Atmoshäre feierlicher.

Die Zeit

"Ich würde ja gerne auch einmal solch ein Theaterstück mit meiner Klasse aufbauen, aber das kann ich mir zeitlich nicht leisten". So denkt mancher Kollege. Selbstverständlich - mehrere Wochen Deutschunterricht werden für solch ein Unternehmen benötigt, aber es lohnt sich, da eben nicht nur "gespielt" wird, sondern tatsächlich fast alle Bereiche des Deutschunterrichts berührt werden. Oberstes Ziel war, Zugang zu einem literarischen Text zu finden. Eine kleine, unvollständige Aufzählung soll zeigen, was noch möglich war:

- Arbeitstechniken: Notizen machen, Stichwörter schreiben, Arbeitsmappen führen ...
- Schreiben und Rechtschreiben: Inhaltsangabe für das Programm, Verändern von Rollentexten, Regieanweisungen, Quizentwürfe, Beurteilungen ...
- Sprechen: gestaltend sprechen, Meinungen vertreten, Kritik angemessen vortragen, freies Sprechen, Mimik und Gestik einsetzen...
- Soziales Handeln: sich gegenseitig helfen, zuverlässig sein, etwas länger durchhalten, gemeinsam etwas schaffen...

All dieses wird nicht deshalb erreicht, weil der Lehrer es verlangt, sondern weil das Anliegen, nämlich das Theaterspielen, Nachdenken über Sprache und sprachliches Handeln erzwingt.

Tips für die Praxis

- Wer zum ersten Mal mit seiner Klasse Literatur im Theaterspielen erfahrbar machen will, sollte kürzere Texte wählen - es muß nicht gleich ein ganzes Buch sein. Hier ein Beispiel für ein 7.-10. Schuljahr: "Kebab ist Kultur" - eine Geschichte des syrischen Autors Rafik Scharna in "Der Fliegenmelker und andere Erzählungen", dtv, 1989
- Wenn es Ihnen schwer fällt, das Textbuch in der erforderlichen kindlichen Sprache festzuhalten, können Sie bei den ersten Proben einen Cassettenrekorder einsetzen oder einen Kollegen bitten, daß er mitschreibt oder stenografiert.
- Grundsätzlich sollte der beschriebene Unterricht im Klassenverband stattfinden und alle Schüler, je nach ihrem Vermögen, beteili-

gen, d.h. es muß so viele Rollen und Aufgaben geben wie Schüler da sind. Seien Sie erfinderisch: Rollen lassen sich teilen, einfach neu ausdenken...

- Haben Sie keine Hemmung, Literatur zu verändern und schülergerecht umzuformen! Im Programm heißt es dann: "....frei nach...."
- Haben Sie sich entschieden, Theater unter dem beschriebenen Aspekt zu spielen, sollten Sie sich frei machen von den Zwängen einer vollkommenen Darbietung. So ist es wichtiger, daß die türkische Hatice überhaupt auf der Bühne steht (nachdem die Eltern zunächst verboten hatten, daß sie mit Jungen auftritt), als daß sie fehlerfrei spricht.
- Wie können Schüler an der Textauswahl beteiligt sein, wenn sie doch erst an die für sie schwierige Literatur herangeführt werden sollen? Das ist nur scheinbar ein Widerspruch: Zwar hat der Lehrer in Frage kommende Literatur vorgewählt, aber beim Durchstöbern gewinnen die Schüler einen ersten Eindruck, der ihnen ein Mitspracherecht gibt. Eins ist sicher: Gegen die Zustimmung einer Klasse läßt sich nicht Theater spielen!

Quiz

Name:
Klasse:

1 Was essen die Zwillinge heimlich vom Tisch?

☐ Chips ☒ Pralinen ☐ Erdnüsse

2 Wie heißt das Schmieröl, das Herr Otis dem Gespenst für seine Ketten empfiehlt?

☐ Morgana ☒ Aurora ☐ Blendida

3 Wie heißt der Tanz, den das Dienstmädchen mit dem Gespenst tanzt?

☒ Tango ☐ Rock'n roll ☐ Walzer

4 Warum war das Gespenst verflucht?

☐ Weil es unglücklich verliebt war?

Marlene Schommers

"Heiße Liebesschwüre" – Vom Umgang mit seriellen Texten

Man mag die so oft zitierten und in Statistiken gefaßten Veränderungen des Leseverhaltens Jugendlicher beklagen oder nicht,
man mag mißtrauisch auf die ständig steigende Konsumierung audivisueller Textdarbietungen äugen oder sie als Zeichen der Zeit hinnehmen,
man mag unreflektiertes, zur Entspannung, zum Abschalten dienendes Lesen ablehnen oder als legitimes Bedürfnis akzeptieren,
man mag Serien als Verdummung oder als Entspannung begreifen,
Tatsache bleibt zum einen, daß Jugendliche, wenn sie sich freiwillig dem gedruckten Wort nähern, dann häufig zu seriellen Texten greifen,
zum anderen, daß das Thema "Liebe" in seinen diversen Aspekten den Schülern / innen immer noch näher ist als so manches, was Schule ihnen oft sonst noch anbietet. Warum also nicht beides auch einmal miteinander verknüpfen, die Liebe mit den seriellen Romanen?!

Dabei ergeben sich folgende *Bezugsebenen:*
- Jugendliche als Rezipienten eines dargestellten Inhalts,
- Jugendliche als marktwirtschaftliche Faktoren,
- Jugendliche als Adressaten eines Schreibenden,
- Jugendliche als Schreibende für sich und andere.

Auf der Seite der seriellen Texte wird bedeutsam:	Auf der Seite Schüler / innen als lesende Individuen wird bedeutsam:
– Preisgestaltung – Autor – Verlag – Massenmedien – Verbreitung – Veröffentlichung – Textstruktur	– Identifikation mit Inhalt / Aussage – Leseabsicht – Umgehen mit Texten – Rolle als Rezipient / in bewußt gestalten – Einstellungen und Haltung

Für den bewußten Umgang mit Serien erscheint es mir wichtig, daß die Schüler / innen

- eine begründete Haltung als Lesende entwickeln,
- die Machbarkeit von Texten erfahren,
- sich selbst als Glied einer Verbreitungskette verstehen und einordnen,
- sich bewußt für oder gegen Texte entscheiden,
- zu ihrer eigenen Lesehaltung stehen,
- Erkenntnisse mit Umgang mit seriellen Liebesromanen auf andere Serien übertragen können,
- Hintergründe und Beweggründe von Verbreitungsmechanismen durchschauen.

(Daß beim Thema "Liebe" auch Fächer wie Religion, Geschichte, Politik (GL) gefordert sind, ist der Sache immanent.) Die folgenden Skizzen für ein komplexes Unterrichtsvorhaben nehmen weniger den inhaltlichen Aspekt serieller Liebesromane unter die Lupe (diese ergeben sich bei der Bearbeitung von Beispieltexten ganz von selbst), sondern sie stellen Machart, Leseverhalten und Veröffentlichtungs- und Verbreitungsmechanismen in den Vordergrund. Dabei sollen die Schüler / innen durch handelnden Umgang mit Texten zu möglichst eigenständigen Erkenntnissen, aber auch zu Texterschließungstechniken angeregt werden, die ihnen auf den Weg zur Souveränität eines lesenden Indiviuums Hilfen an die Hand geben.
Von daher öffnet sich die Unterrichtsdarstellung zur "epischen Breite", wenn handlungsorientierter Umgang mit Texten sich unwiderruflich aufdrängt.

Unterrichtsablauf

I Vorarbeiten

Die Schüler / innen berichten von eigenen Lesegewohnheiten, bringen Lesebeispiele mit, stellen sie sich gegenseitig vor, führen in Schule, Elternhaus, Bekanntenkreis, der Öffentlichkeit etc. Umfragen zu Lesegewohnheiten durch. Sie werten die Ergebnisse aus, unter den Gesichtspunkten:

- Serientexte contra Einzeltexte,
- Sachliteratur contra Unterhaltungsliteratur,
- diverse Thematiken,
- Leserschaft.

Dann untersuchen sie Leseangebote an Kiosken, in Buchläden, in Büchereien, in Verlagsprospekten.

II Einengen auf serielle Liebesromane / Heftchenromane
Die Schüler stellen eine Liste der Verlage zusammen, die Liebesromane vertreiben. Sie vergleichen die Preise. Sie suchen sich aus den besorgten Liebesromanen ein Exemplar willkürlich heraus, um es zu lesen. Dabei verabreden sie, worauf sie beim Lesen achten wollen und welche Dinge sie nach der Lektüre vergleichend betrachten wollen. Sie erstellen gemeinsam einen Fragenkatalog:
z. B. Wer sind die Hauptpersonen / Nebenpersonen?
Wie werden sie beschrieben? (Textstellen anführen)
Wie handeln die Personen?
Wie denken die Personen?
Welche Rolle spielen sie im Ablauf der Geschichte?
Was erfahren wir über das Äußere / den Charakter / die Gedanken?
Wo spielt die Handlung?
Welche Probleme ergeben sich?
....

Während der Lesephase wird der ausgehängte Fragenkatalog immer wieder von den einzelnen erweitert unter dem Aspekt
- Was haben wir vergessen?
- Was ist mir aufgefallen?
- ....

Am Ende dieser Lesephase tragen die Schüler / innen ihre Ergebnisse zusammen.
Um ihre Entdeckungen verfügbar zu machen, probieren sie verschiedene Möglichkeiten aus, wie sie die Ergebnisse bündeln und darstellen können. Dabei entwerfen und verwerfen sie verschiedene Raster (z. B. Strichlisten), bis sich eine Darstellungsweise als brauchbar, übersichtlich, gut lesbar erweist.

z. B.
Held:
Äußeres:
Haarfarbe:
blond
dunkel
keine Aussagen . . . .

Größe	*Familienhintergrund*	*Eigenschaften*	*Verhalten*
. . . . .	. . . .	sicher	. . . .

Heldin:

Die Schüler / innen schreiben
a) Personenkarten
b) Eigenschaftskarten
c) Situationskarten
d) Ereigniskarten
e) Hintergrundkarten
. . . .

in Anlehnung an bekannte Spiele, mischen diese Karten und erfinden aus den gezogenen Karten neue Liebesgeschichten. Dabei entdecken sie die Grundstruktur serieller Liebesromaninhalte, da nur bestimmte Kartenkonstellationen zu einer brauchbaren Geschichte führen.
Sie entwerfen eine Musteranleitung, z. B.
Man nehme:
1 Held + Heldin + Adel + ...
+ Armut . . . . .
+ Reichtum
+ . . . .

Sie erfinden Steckbriefe zu Romanpersonen und stellen Regeln für das Schreiben von Liebesromanen auf.
Auf diese Weise erschließen sie sich handelnd, d. h.: schreibend, sprechend, spielend, zeichnend Grundstrukturen dieser seriellen Textsorte.

III Textstrategien
Die Schüler / innen vergleichen ihre Regeln mit "Anweisungen für die

Schreiber von Romanheftchen'' und / oder Zeitungsberichten von / über Erfolgsautoren / Autorinnen.
Dabei stellen sie zwangsläufig fest,
1. daß ihre Regeln richtig waren, so daß die Bestätigung des Lernens durch die Sache erfolgt,
2. daß sie einige Aspekte außer acht gelassen haben, die auch noch zu bedenken sind, so daß auch die Weiterführung / Ausweitung durch die Sache selbst geschieht.

Beim Nutzen dieser Regeln bieten sich vielfältige Formen des handelnden Umgangs mit Texten an:
- zum vorgegebenen Anfang / Mittelteil / Ende eines Romans fehlende Teile erfinden,
- Textstücke aus gelesenen Romanen ausschneiden und neu montieren,
- Eigenschaften der Personen austauschen,
- aus der Perspektive einer Nebenperson erzählen,
- Ort und Zeit austauschen,
- eine Antiperson mitspielen lassen,
- eine Person mit Merkmalen überfrachten,
- die Rollen der Geschlechter austauschen,
- Eigenschaften / Bedingungen / Handlungsverläufe umkehren,
- Figuren aus anderen Serien (z. B. Krimis, Science fiction) nutzen,
- ein Liebesgedicht umschreiben,
- eine Moritat umschreiben,
- Minigeschichten erfinden und zu Liebesromanen ausweiten (z. B.: Ein Mann. Eine Frau. Zwei Männer. Zwei Frauen. Ein Unglück. Zwei Paare.)
- aus Cartoons Romane entwerfen,
- zu einem erwähnten Sachverhalt Sachinformationen einholen (Beschreibung einer Stadt / Reise, Erwähnung eines Gebäudes, . . .)
- Solche Stellen durch Sachbuchausschnitte ersetzen,
- Szenen pantomimisch darstellen,
- Dialoge ausweiten und vorspielen,
- . . . .

Jede dieser Sprachhandlungen nähert sich der Aussage von Texten auf handelnde Art und schafft gleichzeitig eine Distanz zu den gedruckten Wörtern. Kritisches Lesen (zustimmend oder ablehnend) wird dabei bewußt eingesetzt.

IV Werbestrategien für Käufer / innen, Leser / innen

Die Schüler / innen untersuchen den Adressatenkreis serieller Liebesromane durch Analyse der Werbestrategien in einzelnen Heften, Befragen, Informationen einholen etc. und stellen dabei fest, daß sich dieses Genre ausschießlich an Frauen wendet. Sie diskutieren den Sinn dieses marktpolitischen Verhaltens. Dabei können sie

- Inhaltsangaben für Männer anfertigen,
- Klappentexte im Hinblick auf einen veränderten Adressatenkreis umschreiben,
- eine Liebesgeschichte für Jungen erfinden,
- Elemente eines Romans so ändern, tauschen, verfremden, daß der beabsichtigte Adressatenkreis außen vorgehalten wird,
- Werbeplakate entwerfen, die bewußt Frauen / Männer zur Zielgruppe haben,
- Titelgraphiken neu montieren,
- Werbeslogans erfinden,
- Interviews durchführen,
- ....

V Verbreitungsstrategien

Die Schüler / innen schreiben Verlage an mit der Bitte um Informationen / Kontakt mit Autoren / Autorenlesungen / Verlagsbesichtigungen. Sie gliedern die Aussagen über "die Produktion von Heftromanen" und überprüfen die Aussagen durch die Kontakte mit Verlagen und Autoren. Dann analysieren sie an einzelnen Heften, wie die Leserschaft nach Textende auf die Folgehefte aufmerksam gemacht wird. Sie informieren sich über historisches Vorformen von seriellen Texten, z. B. Bänkelsängerlieder. Dabei untersuchen sie zeit- und inhaltsbezogene Veröffentlichtungs-, Vervielfältigungs- und Verbreitungsmechanismen. Es ergeben sich vielfältige Möglichkeiten, mit den zugrundeliegenden Texten handelnd umzugehen:

- ungeordnete Moritatenbilder in eine Reihenfolge bringen,
- als Moritatensänger auftreten,
- lebende Bilder gestalten,
- Moritaten in Romane umgestalten,
- Romane in Comics / Moritaten / Bildgeschichten umsetzen,
- Handlungen reimen und vortragen,
- ....

Anschließend untersuchen die Schüler/innen Preisgestaltung, Preisentwicklung von Heftchenromanen und bestimmen den Herstellungs- und Verkaufwert der ihnen zur Verfügung stehenden Hefte. Dabei stellen sie Vergleiche mit anderen Genres an.

Diese Thematik läßt sich sowohl als Abschnitt eines linear verlaufenden Unterrichts als auch als Gruppenarbeit parallel zu ähnlich arbeitenden Gruppen durchführen. Im folgenden einige Beispiele:

I Thema: *Serielle Texte*
Kriminalroman / Westernroman / *Liebesroman* / Arztroman / Heimatroman / Schicksalsroman / Science-fiction-Roman

II Thema: *Gefühle suchen Worte in ...*
Liedern / Gedichten / *Liebesromanen* / Erzählungen / literarische Romane / Jugendbüchern

III Thema: *Veröffentlichte Liebe in*
Regenbogenpresse / Schlagern / *Heftchenromanen* / Jugendzeitschriften / Liebesbriefen der Literatur / Gedichten

IV Thema: *Gefühle ausdrücken*
Ich über meine Gefühle / ich über die Gefühle anderer / *andere über die Gefühle anderer* / andere über ihre eigenen Gefühle

V Thema: *Schreiben – für wen?*
Ich für mich / ich über andere / *andere für mich* / andere für andere

VI Thema: *Liebe als Unterhaltung in Medien*
Fernsehserien / *Heftchenromane* / Bücher / Videos / Zeitungen und Zeitschriften

VII Thema: *Serielle Texte in den Medien*
Fernsehserien / *Liebesromane* / Zeitschriftenserien / Bücherserien

VIII Thema: *Liebe*
Tierliebe / Umwelt / Freundschaften / als religiöse Botschaft / Mitmenschen im Alltag / zwischen Generationen / *zwischen den Geschlechtern* / Heftchenromane

Tips zum handelnden Umgang mit Texten im Deutschunterricht

1. Zeit lassen,
2. mit Schere und Klebstoff arbeiten,
3. Ideen sammeln (Schüler / innen haben oft selbst die besten),
4. Ergebnisse ausstellen, auf Kassetten sprechen lassen, veröffentlichen,
5. zu offiziellen Kontakten ermutigen,
6. Lesehaltung nicht moralisierend beeinflussen wollen,
7. Spaß am handelnden Umgang unterstützen,
8. mit Tips und eigenen Ideen weiterhelfen,
9. so entstandene Texte auch mal als ungewöhnliche Klassenarbeit gelten lassen,
10. selbst die scheinbar verrückteste Idee nicht zurückweisen,
11. von vorneherein Zeitraum für die einzelnen Arbeitsphasen festlegen,
12. sich vergegenwärtigen, wieviele sprachliche Qualifikationen in einem so gearteten Unterrichtsgeschehen gelernt und angewandt werden,
13. Augenmerk nicht auf den "Stoff", sondern auf sprachliches Handeln legen.

aus:

Dieter Pforte

Die Produktion von Heftromanen

Zu den Vertragsbedingungen

[. . .] Die Honorare für ein Roman-Manuskript mit rund 220 Tausend Anschlägen, [. . .] liegen bei Heftromanen erheblich niedriger als die bei Publikumszeitschriften [. . .] Kriminalromane und Science Fiction-Romane beispielsweise bringen ihren Autoren mehr ein als Liebesromane. Dahinter steht die Vorstellung, daß das Schreiben von Liebesromanen nicht soviel Faktenwissen und Phantasie erfordere.

Die Verträge werden von den Heftroman-Verlagen meistens erst nach Ablieferung des Roman-Manuskripts geschlossen. Dies schließt also eine Verpflichtung zur Abnahme des Manuskripts durch den Verlag aus. Selbst Autoren gegenüber, die seit Jahren zur Zufriedenheit eines Verlags für eine Serie oder Reihe schreiben, verhalten sich die Verlage nicht anders.

[. . .] Die Verträge sehen in der Regel vor, daß der Autor sich einverstanden erklärt mit eventuellen Titeländerungen und Text-Umänderungen, mit der Wahl eines Pseudonyms sowie mit der Titelgestaltung durch den Verlag. – Der bürgerliche Name eines Autors erscheint sehr selten auf den Titelblättern von Heftromanen; [. . .] Die Pseudonyme wiederum sind meistens Eigentum der Verlage und deshalb von einem Autor nicht von einem zum anderen Verlag mitzunehmen. Hinter einem Pseudonym verbergen sich manchmal bis zu 50 Autoren, die nacheinander und / oder gleichzeitig für eine Serie oder Reihe schreiben.

[. . .] Dabei achten die Verlage darauf, daß die gewählten Pseudonyme zum jeweiligen Genre passen: eine ‚Gitta von Bergen' wird ebenso wenig als Autorin eines Kriminalromans wie ein ‚James Falker' als Autor eines Frauenromans fungieren. Die Wahl der Pseudonyme ist auch unabhängig vom Geschlecht des Autors; Heinz-Werner Höber, der als ‚Jerry Cotton' über 300 Romane dieser Kriminalroman-Serie geschrieben hat, publiziert u. a. auch unter dem Pseudonym ‚Karin van Zeyck'.

Meistens tritt der Autor mit Vertragsabschluß alle Rechte an seinem Roman an den Verlag ab., [. . .] seine Arbeit gilt mit dem Pauschalhonorar ein für allemal als abgegolten.

aus: A. Rucktäschel / H. D. Zimmermann (Hg.), Trivialliteratur, München 1976

Barbara Schlotmann

Formulare, Vordrucke, Fragebögen – zum Umgang mit standardisierten Texten

Alljährlich, spätestens um die Zeit April / Mai stehen wohl die meisten Kollegen / Kolleginnen vor einer Aufgabe, die jeder gerne möglichst lange vor sich herschiebt. Gemeint ist die Steuererklärung. Viele ersparen sich den wiederkehrenden Verdruß mit Formularbergen, mit Beleghaushalten, mit dem Absetzen von Kosten usf. durch die Einschaltung von Experten, von Profis, von Steuerberatungsfirmen eben, die den Umgang mit Formularen, Gesetzestexten und Zahlen zu ihrem Brotberuf gemacht haben. Den Horror vor formalisierten Texten umgehen wir häufig durch einfaches Ausblenden – oder wer liest schon jedesmal beim Kauf eines Wagens, eines Möbelstücks oder auch nur eines Gegenstandes der Unterhaltungselektronik das berühmte Kleingedruckte auf der Vertragsrückseite? Ja, wer liest schon aus freien Stücken technische Einzelheiten, Funktionsdaten und Bedienungsanleitungen moderner Haushaltsgeräte, eines Mikrowellengerätes zum Beispiel? Und wer wollte von uns behaupten, er freue sich auf das Erscheinen der jeweils neuen BASS (– Bereinigte Amtliche Sammlung der Schulvorschriften –)?

Wohl kaum einer.

Warum dieses weitverbreitete Unbehagen bei der Begegnung mit solchen Texten, die wir standardisierte oder formalisierte nennen?

Standardisierte Textformen sind in der Regel gekennzeichnet durch fachsprachliche Merkmale wie: Abstraktheit, Kompaktheit der Information, d. h. Mangel an Redundanz, die sonst klärend und verständnisstützend wirkt, Normierung und Eindeutigkeit der Begriffe s. juristische Texte (Verträge), technische Texte (Betriebsanleitungen) oder medizinische Informationen (Beipackzettel bei Medikamenten). Das bedeutet, die Barrieren bauen sich auf unterschiedlichen Ebenen auf. Oft wissen wir einfach nicht, was gemeint ist, weil wir die Begriffe nicht genau verstehen (oder wer wüßte immer gleich, ob ein Gläubiger zur gegebenen Zeit etwas zu zahlen hat oder bekommt – erst durch die Opposition Gläubiger / Schuldner ordnet sich der Begriff spontan ein).

Das Lesen von standardisierten Texten wird aber häufig auch erschwert durch komplette Satzgefüge – also die Syntax ist nicht leserfreundlich –, durch Wortungetüme wie Mehrfachzusammensetzungen („Wiedergabeautomatikfunktion", um ein Beispiel aus der schier unerschöpflichen Palette der technischen Begriffe aus dem Bereich der Unterhaltungselektronik herauszugreifen).

Die Liste der Widerstände, die sich dem Leser von formalisierten Texten präsentieren, wäre zu umfangreich, um sie hier erschöpfend zu behandeln.

Die lange Einleitung sollte auch nur dazu dienen zu verdeutlichen, warum der Umgang mit standardisierten Texten ein wichtiger – ja ein lebenswichtiger Bereich für den Deutschunterricht ist.

Notwendigerweise müssen SchülerInnen in kleinen Schritten in den Umgang mit Texten eingeführt werden; und sinnvollerweise beginnt die Arbeit an Inhalten, mit denen Kinder und Jugendliche selbst in Berührung kommen, mit standardisierten Texten, die Relevanz für sie besitzen.

Ich habe hier eine – selbstverständlich unvollständige – Übersicht über Textformen, die SchülerInnen zugänglich sind, zusammengestellt.

Ausweispapiere	**Vordrucke / Formulare**	**Sonstiges**
Schülerausweis	Scheck	Fahrplan
Kinderpaß	Scheckkarte	Infos, Aushänge
Personalausweis	Zahlkarte	(an Fahrkartenautomaten, Litfaßsäulen)
Impfpaß	Steuerkarte	Schulordnung
Schwimmpaß	Krankenschein	Schulhofordnung
Leserkarte Bibliothek	Ausbildungsvertrag	Hausordnung
Eintrittskarte Theater	Mietvertrag	Beipackzettel
Kino	Versicherungsschein	(Arzneimittel)
Fahrausweis	Unfallbericht	Hinweisschilder
Mitgliedsausweis	Zeugnis	Veranstaltungsprogramme
		(Kinderkino, Sportverein)
		Sparbuch
		Geldscheine

Diese ad hoc-Aufzählung zeigt schon, welcher Vielfalt von standardisierten Texten wir in unserem Alltag begegnen. Dazu gehören: Papiere, die uns legitimieren, Papiere, die wir ausfüllen müssen, um etwas zu erreichen (Anträge) oder etwas zu erhalten (Scheckvordrucke, Bestellkarten), Formulare, die wir ausfüllen, um über unsere Person oder Sachverhalte Auskunft zu geben, Informationen, die unserer Orientierung dienen, Hinweise, die unser Verhalten regeln. Wir begegnen formalisierten Texten auf Schritt und Tritt, drinnen und draußen, zu Land und in der Luft, im Gehen und im Fahren und häufig gar in mehreren Sprachen. Grund genug, um den aktiven Umgang mit derartigen Texten einzuüben.

Im folgenden sollen Beispiele vorgestellt werden, die aus dem Erfahrungsbereich von SchülerInnen stammen, die für dieses „trockene" Thema motivieren, und die zum Umgang mit und Arbeiten an standardisierten Texten anregen sollen.

Beispiel 1: Das Schüler-Sprachenprojekt

Ziel:	Erhebung der in einer Klasse / Jahrgangsstufe / Schule vorhandenen Sprachen(vielfalt)
Methode / n:	Integration mehrerer Fächer Integration des mündlichen und schriftlichen Sprachgebrauchs in Gestalt des Umgangs mit und Erstellens von Fragebögen, des Informierens anderer über die eigene Person Integration des Nachdenkens über Sprache (Sprachvergleich)

Eine Erhebung der Sprachen, die SchülerInnen in der Sekundarstufe (noch) aktiv sprechen oder verstehen, soll das Bewußtsein von Mehrsprachigkeit stärken, kann ein positives Erlebnis bedeuten, in der manchmal erfolgsarmen einsprachigen Unterrichtssituation. SchülerInnen nehmen einander unter ganz neuen Gesichtspunkten wahr. Das Interesse und Verständnis füreinander wird gestärkt durch Informationen über die sprachliche Situation; z. B. wenn sie erfahren, daß ein marokkanisches Mädchen zu Hause mit den Eltern ihre Berbersprache spricht, daß es derer aber so unterschiedliche gibt, daß sie die „Neue" nicht verstehen kann, daß sie im muttersprachlichen Unterricht aber arabisch – eine der schwersten modernen Sprachen überhaupt – lernt und zudem ja auch ganz gut in Englisch ist und selbstverständlich in Deutsch – wenn auch oft unbemerkt – ihre Fortschritte macht. Dieses Mädchen ist viersprachig. Diese Erkenntnis kann bedeutsame Wirkungen haben: Anerkennung, Verständnis für vorhandene Schwierigkeiten, Einsicht in den Reichtum der Vielsprachigkeit oder in den Nutzen des Fremdsprachenunterrichts.

Ein Fragebogen ist ein standardisierter Text. Häufig begegnen uns Fragebögen in formal komplizierter und sprachlich abstrahierter Form. Wer sich noch an die Volkszählung erinnert oder schon mal Unfallberichte, Personalfragebögen bei Bewerbungen auszufüllen hatte, weiß was gemeint ist. Ein Schülerfragebogen muß und kann schülerfreundlich, schülernah gestaltet werden. Das bedeutet: Schüler und Lehrer müssen ihn gemeinsam erarbeiten. Dazu muß zunächst geklärt werden, was man alles wissen und in welche Form man die Befragung bringen will. Unterschiedliche Frage- bzw. Antworttypen sind hierzu vorzustellen. Wir unterscheiden dabei zunächst gebundene und offene Fragen. Auf erstere gibt es ja / nein Antworten; Ankreuzantworten (Mehrfachantworten); skalierte Antworten, die eine Einschätzung wiedergeben und trifft zu / trifft nicht zu-Antworten. Auf offene – durch Fragepronomen eingeleitete – Fragen sind freie Antworten gefordert. In Fragebögen kann die Situation auftreten, daß nicht alle Fragen von allen Teilnehmern zu beantworten sind, dann ist ein Wegweiser für den Neueinstieg (bei Frage x) notwendig.

In jedem Fall muß eine solche Befragung die je spezielle Situation in einer Klasse berücksichtigen. Die Sprach(en)verteilung (incl. Dialekt!) wird in einer Schule im Hochsauerland anders aussehen als in einer rheinischen Großstadt. Eine Untersuchung, die mehrere Generationen einschließt, wird in dem einen wie dem anderen Fall erstaunliche Ergebnisse zeitigen.

Nach gründlicher mündlicher Klärung der geplanten Fragestellungen, der formalen Gestaltung – als Beispiel eignen sich die o. g. Fragebögen der Haftpflichtversicherungen (Unfallberichte) ganz gut –, kann die eigentliche Erarbeitung (Umsetzung der Fragen) in die schriftliche Befragungsform begonnen werden. Dabei ist es wichtig, daß eine möglichst persönliche – dadurch konkrete – Form gefunden wird.

Eine solche Befragung wird sich sinnvoll in drei Bereiche aufgliedern:

1. Angaben zur eigenen Person
2. Angaben zur familiären Situation
3. Angaben zur sprachlichen Situation (Zweisprachigkeit / Mehrsprachigkeit)

Hier folgt als Anregung ein Vorschlag zur Gestaltung eines solchen Fragebogens:

Sprachen, die wir sprechen
Sprachen, die wir verstehen

Name:
Klasse:

1. Zur Person:

- Wie alt bist Du? ________
- Bist Du in .... geboren? ja ☐ nein ☐
- Wenn nein, wie heißt Dein Geburtsort? ________
- Falls nicht in Deutschland, wo/in welchem Land liegt dieser Ort? ________
- Wielange lebst Du hier? ________
- ________
- ________
- ________

◁ Ergänzungsfragen, je nach Situation der Klasse

2. Zur Familie:

- Lebst Du hier bei Deinen Eltern? ☐
- Oder lebst Du bei Verwandten? ☐
- Hast Du Geschwister? ja ☐ nein ☐
- falls ja, wieviele? ________
- Wie alt sind sie? ____ ____ ____ ____ ____
- Leben auch Verwandte hier am Ort?
  Großmutter ☐ Großvater ☐ Tante(n) ☐ Onkel ☐
- Leben andere Verwandte hier in Deutschland?
- falls ja, besuchst Du Deine Verwandten? häufig ☐ manchmal ☐ nie ☐

3. Zur Sprache:

- Welche Sprache(n) sprichst Du? ________
- Welche Sprache(n) sprichst Du zu Hause? ________
- Was sprichst Du mit der Mutter? ________
- Was sprichst Du mit dem Vater? ________
- Was sprichst Du mit den Geschwistern? ________
- Was sprichst Du mit den Großeltern? ________
- Sprichst Du manchmal zu Hause die Muttersprache und manchmal Deutsch? ich wechsele oft ☐ ich wechsele nie die Sprachen ☐
- Falls Du die Sprachen wechselst, kannst Du sagen, wann Du die Muttersprache benutzt? Nenne einige typische Situationen!
  ____
- Welche Sprache(n) kannst Du auch schreiben? ________

o Wann schreibst Du in einer anderen Sprache (als Deutsch)?

– im Unterricht ☐
– in Briefen ☐

__________ ◁ wann sonst noch?

____

o falls im Unterricht, wo schreibst Du in einer anderen Sprache (als Deutsch)?

– im Kunstunterricht ☐
– im Musikunterricht ☐
– im Geografieunterricht ☐
– __________
– __________
– __________

o kennst Du Lieder in anderen Sprachen?

falls ja, in welchen?

☐ englisch ☐ türkisch
☐ französisch ☐ serbo-kroatisch
☐ italienisch ☐ polnisch

sonstige: ▷ __________

o Wie gut sprichst Du Deine Muttersprache nach Deiner Einschätzung?

sehr gut	gut	mittel	nicht so gut

o Wie gut, glaubst Du, schätzen Deine Freund/innen Deine Sprachkenntnisse ein?

sehr gut	gut	nicht gut

(nur für Schüler/innen aus den ehem. Anwerbeländern!)

o Besuchst Du den Muttersprachlichen Unterricht? ja ☐ nein ☐

falls ja, wielange schon? seit: __________

o Welche Sprachen werden in Deiner Familie gesprochen?

☐	☐	☐	☐
von ↓ wem?	von ↓ wem?	von ↓ wem?	von ↓ wem?

Und nun viel Spaß bei der Arbeit!

Einiges zur Auswertung des Fragebogens auf der nächsten Seite!

o Zur Auswertung:

Wir sind am Ende unseres Fragebogens angekommen.
Du kannst jetzt sagen, welche Sprache/n Du kannst oder kennst, welche Sprache/n in Deiner Familie benutzt werden. Du hast auch nicht Dialekt oder Mundart vergessen. Du hast Hilfe gefunden bei Deinen Eltern oder Verwandten und hast vielleicht selbst viel erfahren, was Du noch nicht wußtest. Jetzt sollen es alle erfahren.
Nun geht's an die Auswertung.
Dann wird am Ende klar sein, in welcher Klasse die meisten Sprachen vertreten sind. Es zählt immer die ganze Familie mit, wenn Du etwas von der/den Sprache/n verstehst! Das Auszählen macht Ihr am besten im Mathematikunterricht!

So könnte, wie gesagt, eine schülernahe Formalisierung aussehen.

Den SchülerInnen wird schon bei der Vorbereitung der Fragebogenaktion klar, daß sie auf spannender Fährte sind. Zu selten hat sich bisher jemand eingehender für ihre sprachlichen Erfahrungen interessiert. Ihre Mehrsprachigkeit wird hier zum Gegenstand des Unterrichts und ihnen dadurch – häufig zum ersten Mal – als Wert bewußt. Dabei ist es unerheblich, ob die Ergebnisse zur Qualität der Sprachbeherrschung objektiv und überprüfbar sind. Wichtig ist die Bedeutung der Aktion – auch für Identität und Selbstwertgefühl – und das ist nun mal Sache des Individuums.

Es ist als intellektuelles Projekt gedacht, bei dem Schüler einander und LehrerInnen und SchülerInnen einander von einer unbekannten Seite entdecken können. Die Idee zu einer solchen Erkundung stammt ursprünglich aus England und wurde erstmals in größerem Rahmen im „Children's Language Project" in London zu Beginn der 80er Jahre durchgeführt.

Und nun noch einige Anregungen zur Durchführung des Projektes in verschiedenen Fächern:

Deutsch: Zusammenhang Interview-Fragebogen (mündlicher / schriftlicher Umgang mit Texten) Nachdenken über Sprache: Schlüsselwörter in verschiedenen Sprachen kennenlernen / Ähnlichkeiten feststellen – Satzbau – vergleichen . . . andere Sprachen – andere Schriften

Mathematik: quantitative Auswertung

- wieviele und welche Sprachen werden gesprochen
- welche absoluten und prozentualen Sprechanteile gibt es (bezogen auf eine Klasse, Jahrgangsstufe, Schule) Denn wer weiß denn schon wieviele SchülerInnen Dari oder Paschtu als Familiensprache haben. Wie viele SchülerInnen arabisch, kyrillisch, griechisch, an unseren Schulen schreiben können?

Geografie: Einen Sprachenatlas oder eine Sprach-Landkarte herstellen. Wo wird welche Minderheitensprache in Jugoslawien gesprochen? Wo wird kurdisch, armenisch, griechisch in der Türkei gesprochen? Welche Dialekte gibt es in Deutschland; welche Sprachen werden in der Region gesprochen, z. B. arabisch in Hamm, Tamil in Essen u. v. a. m.

Geschichte / Politik: alte und neue Wanderbewegungen; Deutschland, ein vielsprachiges Einwanderungsland etc.

Stoff genug. Aber nun zurück zu den standardisierten Texten und unserem zweiten Beispiel:

Beispiel 2: Lesekarte, Leserausweis, Mahnkartei – alles Notwendige zur Verwaltung der Klassenbücherei

Im Kapitel „SchülerInnen brauchen Raum und Zeit zum Lesen" wird die Einrichtung bzw. der Ausbau einer Klassenbücherei angeregt. Der Ausleihbetrieb erfordert auch in diesem Rahmen Regelungen und damit verbunden „Verwaltungsarbeit", die von Schülern geleistet werden kann.

Notwendige Voraussetzung für eine ordentlich geführte Klassenbücherei ist dabei Inventarisierung des Bestandes und der Neuzugänge in Form einer fortgeschriebenen durchnumerierten Liste.

Zweitens braucht man eine Titelkartei mit Karteikasten und drittens entsprechende Ausleihscheine, die während der Leihzeit in die Ausleih- bzw. „Mahnkartei" wandern, um den Überblick zu behalten, wo die Bücher jeweils sind. So ein Ausleihschein, auf normalem Papier kopiert, enthält neben den bibliografischen Angaben Ausleihdatum, Namen des Ausleihers und vorgesehenes Rückgabedatum, nach Absprache 2-4 Wochen.

Beispiel:

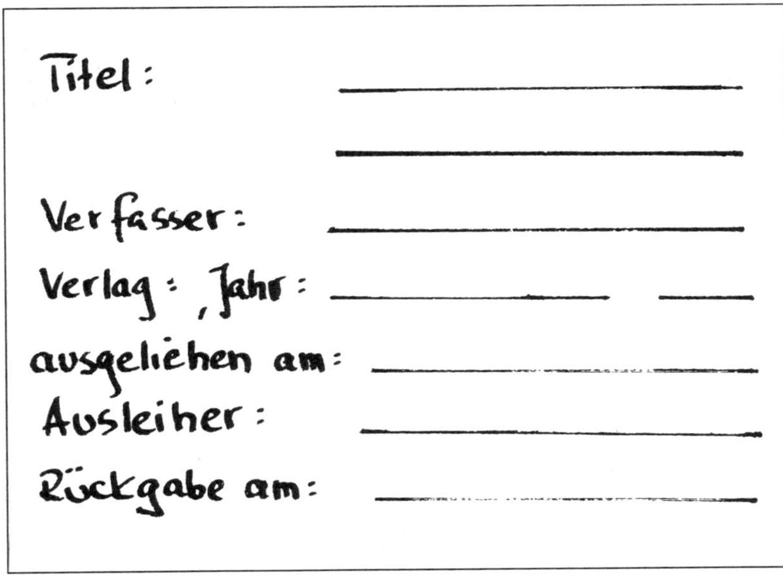

Diese Ausleihkartei muß in regelmäßigen Abständen, während der ‚Büchereistunde' kontrolliert und ggfs. die Rückgabe angemahnt werden. Schließlich ergänzen Leserausweise, wie in der großen Stadtbücherei das Set von Hilfsmitteln und können nach authentischen Beispielen gestaltet werden. Sie können bei nachlässigem Umgang mit den ausgeliehenen Büchern oder Verlusten auch (vorübergehend) eingezogen werden. Die Schüler sollten da ihr eigenes System entwickeln lernen. Jede Stadt(teil)bibliothek ist gerne behilflich bei Organisations- und Gestaltungsfragen.

Beispiel 3: Fahrpläne

Abschließend möchte ich noch auf eine Situation eingehen, die zunehmend Bedeutung für unseren und den Alltag von Schülern gewinnen wird, und die gleichzeitig die Vertrautheit mit einer hochspeziellen Form standardisierter Texte erfordert: Gemeint ist die Benutzung öffentlicher Verkehrsmittel und das Umgehen mit Fahrplänen und Benutzerinformationen. Schon heute haben wir es aufgrund von Schulstandortveränderungen (Schulschließungen, Zusammenlegungen) mit einer ungleich größeren Anzahl von Fahrschülern zu tun als etwa vor 5-10 Jahren. Auf die Zukunft besehen, wird aus dem (Fahr-)Schüler von heute der zwangsläufig mobile arbeitende Mensch von morgen. Umgang mit Fahrplänen ist somit als Vorbereitung auf das Leben legitimierbar.

Der Einstieg in die Beschäftigung mit der Textsorte Fahrplan kann situationsbedingt sehr unterschiedlich sein. Erfahrungsgemäß eignet sich die Planung eines Tagesausflugs dafür.

Ich beziehe die folgenden Ausführungen auf ein konrektes Beispiel, das als Modell dienen kann, da es alle didaktisch wichtigen Schritte enthält.

In der Nähe der Stadt Düsseldorf liegt das Neanderthal – ein beliebtes und bekanntes Ausflugsziel. Unser Tagesausflug mit einer 7. Klasse zeigt, welche Überlegungen und Vorbereitungen notwendig sind, von allgemeinen Informationen (Standard-Fahrplan) über individuelle Maßnahmen (Ausdruck eines persönlichen Fahrplans für dieses Vorhaben) zum Ausflugsziel zu kommen.

- Zunächst mal ist die Frage zu klären, wo überhaupt liegt das Neanderthal? Im vorliegenden Fall konkurrieren die Vermutungen um mindestens vier nahegelegenen Mittelstädte: Erkrath, Hilden, Haan und Mettmann.

- Da hilft nur die Landkarte, die das Neanderthal zwischen Erkrath und Mettmann gelegen ausweist.

- Der Verkehrsbund Rhein-Ruhr (VRR) hat als Hilfsmittel für ähnlich kritische Situationen einen Liniennetzplan für verschiedene Großstädte (mit Umgebung) im Verbundgebiet entwickelt. Hieraus ergibt sich in unserem Fall die verkehrsmäßige Anbindung an Mettmann, nord-östlich von Düsseldorf gelegen.
  Nun erst wird ein Blick in den eigentlichen Fahrplan (Stadtfahrplan Düsseldorf, Meerbusch 1990/91) sinnvoll. Aber schon wieder ein Hindernis. Keiner weiß, wie kommt man nach Mettmann.

- Hier nun hilft ein Haltestellen-Verzeichnis im Fahrplanheft – eher Buch, in unserem Fall hat es 624 Seiten – weiter.
  Dort sind sämtliche Haltestellen und die sie anfahrenden Linien verzeichnet. Und hier endlich findet man auch das Neanderthal. Die Linien 66, 741 und 743 halten dort.

- Wir finden heraus: Die Linie 66 ist ein Zug der DB und fährt vom Düsseldorfer Hauptbahnhof ab.

188 DB 66

montags – freitags

DB-Kursbuch-Nr. 401

Haltestellen		Abfahrtzeiten										
Düsseldorf Hbf	ab	6.09	7.30	8.30	12.40	13.40	14.40	15.40	16.40	17.40	18.40	19.40
Erkrath Nord		6.19	7.40	8.40	12.50	13.50	14.50	15.50	16.50	17.50	18.50	19.50
Neanderthal		6.24	7.45	8.45	12.55	13.55	14.55	15.55	16.55	17.55	18.55	19.55
ME-West		6.29	7.50	8.50	13.00	14.00	15.00	16.00	17.00	18.00	19.00	20.00
Mettmann	an	6.30	7.51	8.51	13.01	14.01	15.01	16.01	17.01	18.01	19.01	20.01

66 DB Düsseldorf - Mettmann

Die Linien 741 und 743 finden sich dagegen in unserem Fahrplan gar nicht.
Also beschränken wir uns und arbeiten mit dem, was wir haben.

- Wir suchen eine günstige Verbindung, d. h. möglichst wenig Umsteigen, möglichst geringe Wartezeiten und entsprechend günstige Fahrtdauer.

- Wir nehmen die Seiten zur Hand, wo „unsere" Straßenbahn, die Linie 707 ausgedruckt ist und stellen fest, jetzt wird es schwierig und zunächst unübersichtlich. Man muß sich einlesen.

- Erneute Revision des Vorgehens wird beschlossen. Wir müssen rückwärts rechnen.
  1. Wann wollen wir im Neanderthal ankommen?
  2. Wann müssen wir entsprechend vom Hauptbahnhof abfahren?
  3. Wann müssen wir am Hauptbahnhof eintreffen incl. Übergangszeiten?
     (Fußweg von der Straßenbahn zum Zug, großzügig bemessen!)
  4. Wann endlich müssen wir an „unserer" Haltestelle vollständig versammelt sein?

Irrungen und Wirrungen sind dabei unvermeidbar, z. B. daß es zwei Fahrpläne für die gleiche Linie – je nach Fahrtrichtung gibt, war eine der grundlegenden Erkenntnisse. Ganz zum Schluß gab's noch Hilfe vom VRR in Form des persönlichen Fahrplans.

Danach können die SchülerInnen ihren eigenen Ausflugsplan herstellen. Sie wählen aus 11 verschieenen Möglichkeiten die günstigste aus und schreiben diesen Fahrplan auf:

Unser Fahrplan für den Klassenausflug

Um 8^{10} Uhr fahren wir mit der 707 vom Dreieck ab.

Um 8^{21} Uhr kommen wir am Hauptbahnhof an.

Um 8^{30} Uhr geht's mit dem Zug weiter.

Achtung: Zusammenbleiben! Bahnsteig noch nicht bekannt.

Um 8^{45} Uhr sind wir in Mettmann-Neanderthal

Dieser Schülerfahrplan wird für jeden Schüler kopiert und sollte zum Ausflug mitgenommen werden.

Was ist aus diesen Beispielen zu verallgemeinern?

1. Barrieren gegen formalisierte Texte sind abbaubar, wenn sie situationsangemessen und für die SchülerInnen handhabbar eingesetzt werden.
2. Handelnder Umgang mit standardisierten Texten bedeutet in unserem Zusammenhang: Angeleitetes Erschließen, Übersetzen und Umsetzen in verständliche Sprache (sprachliche Aspekte der Textsorte), Selber-Tun d.h. Erarbeiten von Paralleltexten s. Fragebogen- oder Fahrplanbeispiel
3. Einige wenige Unterrichtsbeispiele reichen nicht aus. Kontinuierlich muß die Begegnung und das Be-Handeln solcher Texte im Unterricht

ermöglicht werden. Textsorten wie: Lebenslauf und Bewerbungsschreiben gehören in diesen Kontext ebenso wie Texte aus der Allgemeinen Schulordnung, Protokolle, Einladungsschreiben, Sportfestprogramme, standardisierte Elternmitteilungen und dergleichen mehr.

Durch die geplante Heranführung und Gewöhnung an den Umgang mit formalisierten Texten besteht vielleicht Hoffnung, daß die SchülerInnen von heute in Zukunft weniger Schwierigkeiten mit ihren Formularen haben, sich im Dschungel von Verordnungen angemessen zurechtfinden. Im Blick auf unsere zunehmend komplexere öffentliche Kommunikationssituation werden sie's nötig haben.

Heidemarie Krusekamp

Ausländische Analphabeten lernen lesen und schreiben - LehrerInnen entwickeln standortbezogene Materialien

Auch Kinder und Jugendliche der verschiedensten Nationalitäten sind SchülerInnen an unseren Hauptschulen. Diese "Multinationalität" hat in vielerlei Hinsicht Berücksichtigung in den Lehrinhalten und Lehrmethoden gefunden.
Besonders zu berücksichtigen ist, daß ausländische Kinder und Jugendliche mit den unterschiedlichsten Voraussetzungen die Hauptschule besuchen. Im wesentlichen lassen sich zwei Gruppen feststellen:

1. Die ausländischen SchülerInnen, die hier geboren sind, und ab der ersten Klasse die Schule besuchen, und
2. die ausländischen SchülerInnen, die "später", z.B. mit 12 Jahren nach Deutschland kommen.

Diese zweite Gruppe wird in Sondermaßnahmen, z.B. in Seiteinsteigerklassen, unterrichtet. Der Schwerpunkt liegt hier zunächst im Erwerb der deutschen Sprache.
In der Didaktik und Methodik des Deutschen als Zweitsprache werden Kommunikationssituationen als die wichtigsten Ansatzpunkte für das Sprachlernen der ausländischen Kinder angesehen.

Zu einer besonderen Gruppe der ausländischen Kinder und Jugendlichen zählen diejenigen, die in ihrem Heimatland *keine* Schule besucht haben, die also auch in ihrer Muttersprache nicht lesen und schreiben können. Diese ausländischen Analphabeten lernen nun das Lesen und Schreiben in Deutsch, also einer Sprache, die sie nicht sprechen. Dies ist nur dann möglich, wenn vorher mündlich erarbeitet, gesprochen und verstanden wird, was dann gelesen und geschrieben werden soll. Das zu Erlesende, das zu Schreibende, muß also zunächst "begriffen" und verstanden werden.

Ali und Anne in Düsseldorf - eine Fibel zur Alphabetisierung

Die Lehr- und Lernsituation ausländischer Analphabeten ist weder vergleichbar mit der Situation einer ersten deutschen Regelklasse noch mit der Situation in Seiteinsteigerklassen.
Deshalb entwickelten LehrerInnen in Düsseldorf für die Zielgruppe "Ausländische Analphabeten" standortbezogene Materialien. Bezogen auf einen vorher festgelegten Verständigungswortschatz, sollten ausländische Analphabeten (im Alter von 12-16 Jahren), die noch kein Deutsch sprechen, das Hören, Verstehen, Sprechen, Lesen und Schreiben der deutschen Sprache erlernen. Aufgrund von Erfahrungen und im Hinblick auf das Ziel der Alphabetisierung wurden für die Anfertigung der Fibel folgende Grundentscheidungen getroffen:

* Die Fibel wird in Druckschrift geschrieben
* Die SchülerInnen schreiben in Druckschrift
* Die Fibel arbeitet vorwiegend synthetisch
* Die Reihenfolge der einzuführenden Buchstaben richtet sich nicht nach akustischen und/oder optisch-schreibmotorischen Prinzipien, sondern sie orientiert sich an einem vorher festgelegten "*Verständigungswortschatz*", der ausgehend von praktischen Erfahrungen unter folgenden Fragestellungen erstellt wurde:
  - Welche *Alltagssituationen* der SchülerInnen sind zu berücksichtigen?
  - Welche *Wörter werden sofort angewandt* und können der Ausgangspunkt der Alphabetisierung sein?

In jedem Kapitel werden anhand von realen Situationen in der Regel zwei bis vier neue Buchstaben in der Groß- und Kleinschreibung eingeführt. Die Fibel ist personen- und ortsbezogen (Anne und Ali in Düsseldorf); in den fortgeschrittenen Kapiteln kommt dies stärker zum Tragen, um so die Lernmotivation zu steigern und die Erfahrungswelt der Lernenden einzubeziehen (spiralförmiger Aufbau).
Der mündliche Wortschatz ist immer größer als das, was gelesen und geschrieben werden kann. Das gilt vor allem für die Anfangskapitel der Fibel.

Der Aufbau der einzelnen Kapitel erfolgt immer nach demselben Grundmuster:

1. Situationsbild
2. Text zur Situation
3. Schreibseite
4. Abhorchseite
5. Schreib-Handel-Seite(n)
6. Leseseite
7. Zusatzseite(n).

Die starke Strukturierung der Fibel soll sicherstellen, daß die SchülerInnen anhand eines minimalen Grundwortschatzes und einfacher Satzmuster möglichst schnell das Lesen und Schreiben erlernen.
Alle Themenbereiche können natürlich jederzeit durch offene Gesprächssituationen erweitert werden.
Die schriftlichen Übungsangebote können ebenfalls durch Unterrichtsmaterialien verschiedenster Art (Grundschulmaterial, Material für ausländische SchülerInnen ...) ergänzt werden.

Die Fibel im Unterricht

Ausländische SchülerInnen, die kein Deutsch sprechen, sitzen anfangs schweigend, erwartungsvoll, freundlich, aber "sprachlos" im Unterricht. Das Sprechen, das Verstehen, der Versuch, sich verständlich zu machen, entwickeln sich nach und nach in konkreten Situationen. Mit vielen Übungen und Wiederholungen, die immer an den Dingen des Alltags und an konkreten Situationen orientiert sind, wird die deutsche Sprache den SchülerInnen vertrauter.
Die Fibel beginnt im 1. Kapitel mit dem Bereich "Vorstellen der Personen - Namen" (Abb. 1 und 2). Vier Buchstaben (Nn, Aa, Mm, Ee) werden eingeführt. Mit diesen vier Buchstaben werden dann die ersten Wörter erlesen und geschrieben: Name, Emma, Mama, Nena ...
Mit dem zwölften Kapitel sind schon 21 Buchstaben bzw. Buchstabenverbindungen eingeführt worden (nach 5 Monaten, täglich 3-4 Stunden Unterricht).
Zu diesem Zeitpunkt können die SchülerInnen schon viel mehr sprechen als lesen und schreiben, der Unterricht wird lebhafter. Jedoch

wird immer wieder deutlich, daß die meisten SchülerInnen nur in der Schule, mit den LehrerInnen und in der Unterrichtssituation miteinander deutsch sprechen.
Der stark strukturierte Aufbau der Fibel sollte und muß möglichst oft durch spontane Gesprächsanlässe ergänzt werden. Jede sich anbietende Situation muß zu einem Gespräch genutzt werden, da dann die Gesprächsbereitschaft und Lernbereitschaft bei den SchülerInnen besonders groß ist.

Unterrichtsbeispiel "Ali in der Wohnung"
(Kapitel 12 der Alphabetisierungsfibel)

Im 12. Kapitel werden die Bereiche Wohnung, Kleidung, Körperteile und Nahrungsmittel thematisiert.
Das *Situationsbild* "Ali in der Wohnung" (Abb. 3) ermöglicht die Beschreibung einer bekannten Situation (Wohnung, zu Hause, Essen und Trinken) und Gespräche darüber (z.B. Nahrungsmittel verschiedenster Länder, wie sieht unsere Wohnung aus ...).
Mit Hilfe des Situationsbildes werden die neuen Buchstaben in Verbindung mit neuen Wörtern eingeführt und auf der *Schreibseite* richtig geschrieben (Abb. 4 und 5).
Der Text zur Situation (Abb. 6) verbindet das neu Gelernte mit dem bereits Bekanntem. Dieser Text ist Ausgangspunkt für vielfältige, differenzierte, mündliche und schriftliche Arbeit im Unterricht und zu Hause: Lesen des Textes, Abschreiben des Textes, Fragen zum Text stellen und beantworten, sich anbietende Gesprächsanlässe aufgreifen, z.B. telefonieren.
Die *Schreib-Handeln-Seiten* (Abb. 7 und 8) greifen in Verbindung mit grammatikalischen Übungen die Bereiche Kleidung und Körperteile auf. Die Aufgaben werden in der Fibel bearbeitet, ins Heft geschrieben, Sätze werden vorgelesen und in Gesprächen wird das Erlernte angewandt, z.B. "Meine Kleidung", "Krankheiten" ...
Zusätzlich können noch die Ausmal- und Ausschneidebögen (Abb. 9 und 10) eingesetzt werden.
Handelnd, sprechend, malend, lesend und schreibend werden die SchülerInnen mit dem Gegenstand des Sprachunterrichts in Berührung gebracht. Neben dem Üben und Wiederholen ist vor allem das Anwenden in unterschiedlichsten Zusammenhängen wichtig.

Am Ende des 21. Kapitels ist der Lese- und Schreiblehrgang nach ca. einem Schuljahr beendet und hat für die SchülerInnen die Voraussetzungen geschaffen, am Unterricht der Seiteinsteigerklasse teilzunehmen.

Inhaltsverzeichnis

Kapitel	Seite		
1	1	N a m e n	Nn Aa Mm Ee
2	11	Mein Name ist	Ei ei
3	17	Ummi, Anne und du	Dd Uu
4	23	Anne und Ummi am See	Ss Rr
5	31	Anne und Ali	Ll Ii
6	37	Wir sind in Düsseldorf	Ww Jj
7	47	Anne und Ali in der Klasse	Kk
8	55	Kirmes in Düsseldorf	Oo
9	63	Schwimmen	Sch sch
10	69	Tee trinken mit Tante Antonia	Tt
11	75	Armer Ali	Bb

Abb. 1

Inhaltsverzeichnis

Kapitel	Seite		
12	81	Ali in der Wohnung	Ff Gg Hh
13	89	Einkaufen	Pp Au au
14	97	Alis Traum	Vv ie
15	105	Wo unsere Freunde wohnen	St st Eu eu
16	111	Bei Annne zu Hause	Zz ck
17	117	Sport und Spiel	Sp sp Üü ai
18	125	Vier Geschichten	Ch ch Ää Öö Pf pf
19	139	Im Eller Schloßpark	Äu äu Qu qu tz ß
20	147	Eine Superfete	Xx X-Laute Cc Yy
21	153	Anne und Ali wissen in Düsseldorf Bescheid	
	156	Was noch wichtig ist	
	162	Auf Wiedersehen!	
	163	Das Alphabet	
	164	Wörterliste	

Abb. 2

81 Ali in der Wohnung **12**

Abb. 3

83

Abb. 4

Ali in der Wohnung

82

Ff Gg Hh

Es ist Samstag. Es regnet. Ali bleibt in der Wohnung.
Seine Eltern sind weg. Er ist allein. Der Fernseher ist an.

Ali hat Hunger.
Was soll er essen? Fisch oder Honig?
Der Fisch ist in der Dose. Der Honig ist im Glas.

Was soll er trinken? Orangensaft oder Kaffee?
Der Saft ist in der Flasche. Der Kaffee ist in der Kanne.

Das Telefon klingelt. Willi ruft an. Er will Ali treffen.
Er will Mofa fahren.

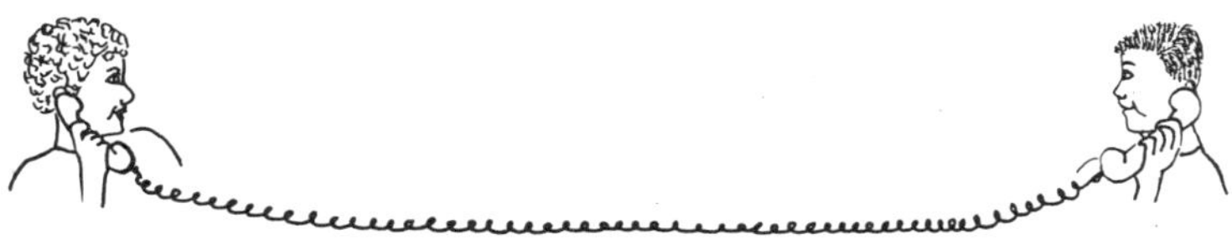

Abb. 6

85

Ff Gg Hh

Kleidung

die Unterhose

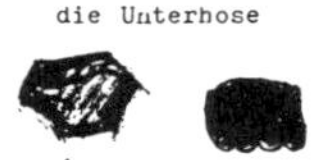

die Bluse

die Hose

das Kleid

das Unterhemd

Male die Unterhose bunt!

Male die Hose rosa!

Male die Bluse gelb!

Male das Unterhemd gelb!

Male das Kleid rot und rosa!

Die Unterhose ist bunt.
Die Hose ist rosa
Die Bluse ist.gelb.
Das Kleid ist rot
und rosa.

Farben

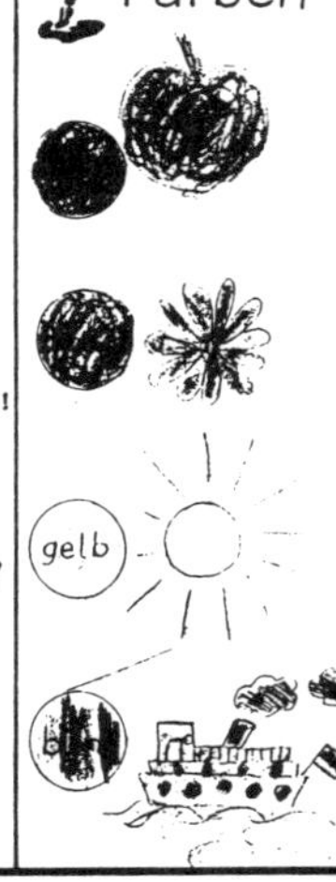

Abb. 7

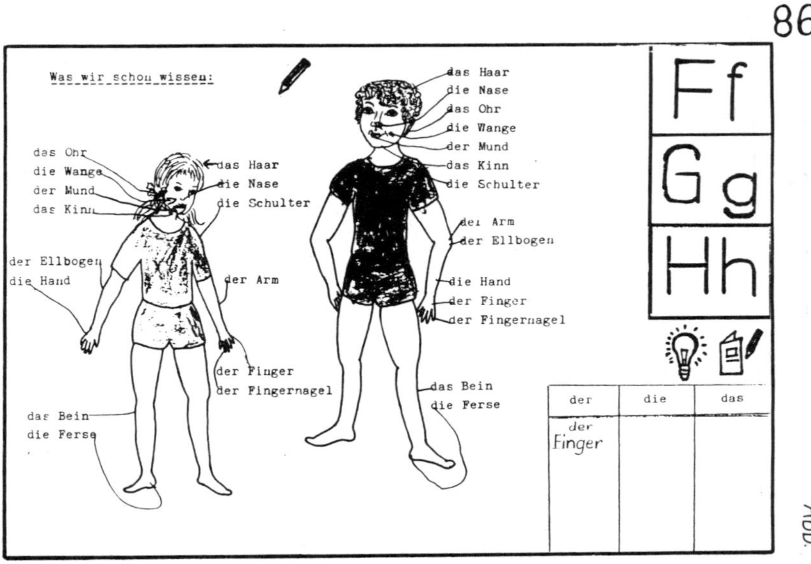

Abb. 8

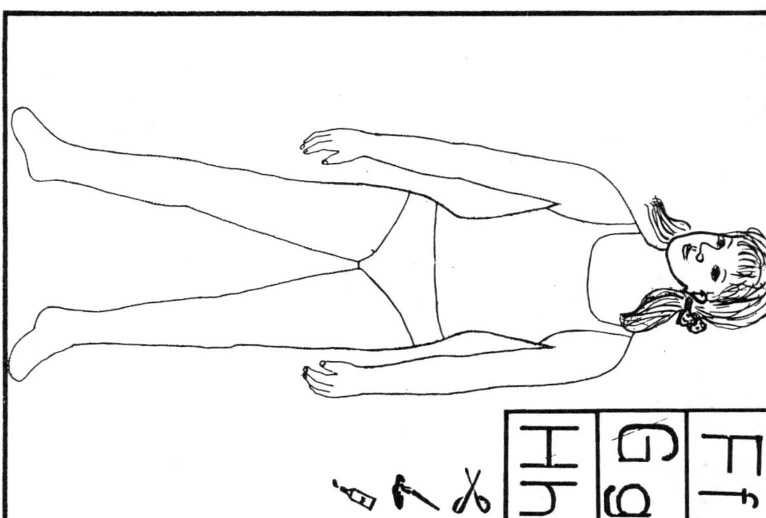

Ausschneidebogen für die Seite 86

Abb. 9

Ausschneidebogen für die Seite 86

Abb. 10